BISTRO RECIPE

簡単に作れてみんながよろこぶ

おうち
ビストロレシピ

Little little kitchen
Minori

はじめに

Introduction

　私が料理を好きになったきっかけは、中高生の頃にオーストラリアのシェフ、ビル・グレンジャーさんの料理番組を見たことでした。楽しそうに家族に料理をふるまう様子や、彼が作るおいしそうな料理の数々、それを囲む家族や友人の笑顔を見て、自分もこんな料理を作ってみんなに喜んでもらいたいと思ったことを覚えています。

　大学生になってから和食を中心に学び、社会人になってからは料理に興味を持つきっかけにもなった洋食を一から学びたいと思い、料理家の川上文代先生の元で主にイタリア料理を基礎から教えていただきました。
　そこで学んだことが私のレシピの基礎となり、家庭でも簡単に再現できるようにアレンジしたイタリア料理やフランス料理をSNSに投稿するようになりました。

　本書が、おいしい料理を囲んで、家族や友人と楽しい時間を過ごすための一助になれば嬉しいです。

Contents

Chapter 1
前菜とサラダ

Chapter 2
肉のおかず

Chapter **8**
特別な日

アフタヌーンティー風 ピクニック

秋の食材盛りだくさん ハロウィンディナー

クリスマスディナー

バレンタインデーディナー

Column_09

おうちビストロでよく使う調味料 & 食材

● Condiments & ingredients often used in a home bistro ●

本書のレシピでよく使う、おうちビストロならではの調味料と食材を紹介します。
これらがあるだけで、一気に本格的な洋食が作れます。

白ワインビネガー

サラダやマリネを作る時に欠かせない調味料。爽やかな香りと風味が加わり、デザートみたいにおいしい一皿になります。

バルサミコ酢

白ワインビネガーに比べてコクがあり、味がしっかりしているバルサミコ酢。こってりとした肉料理や、煮込み料理の隠し味に使っています。

赤ワイン

牛肉や合い挽き肉、ラム肉を使った料理に入れると、コクのある風味が肉のおいしさを引き立ててくれます。 お店で売られている500〜1,000円くらいのリーズナブルな赤ワインを買って料理に使ったり、夜ごはんに飲んだり。

白ワイン

鶏肉や豚肉、とりわけ魚介を使った料理には欠かせません。我が家では赤ワインよりも白ワインの方が使用頻度が高いです。魚介の旨味を引き出すだけでなく、臭みを取ったり、爽やかな風味を加えたり、嬉しいことばかり。

コンソメ（顆粒）

和食でいう出汁の代わりに洋食で欠かせないのが、チキンストック。ただ、毎回鶏肉から出汁を取るのは大変なので、コンソメを使っています。素材の旨味を引き立てる量だけ調整できるよう、顆粒タイプを愛用しています。

トマトソース

パスタにしたり、グリルした魚にかけたり、お肉を煮込んだり。とにかく何にでも合って、何でもおいしく仕上げてくれるトマトソース。ストックしておくと、「今日何にしよう？」という日の料理もごちそうになります。

トリュフソルト

簡単に、手軽に、高級な味を楽しめるトリュフソルト。じゃがいもや卵との相性がとてもよく、ささっと一ふりするだけでいつもの卵料理が特別な味に仕上がります。ポテトフライやマッシュポテトにも。

あると
本格的な味に
仕上がる！

ケーパー

魚介の臭みを取るのに便利なケーパー。ドレッシングに入れてカルパッチョにかけてもいいし、アクアパッツァなどの魚介の煮込み料理にも使えます。

ピザ用チーズ

ピザ用チーズはピザやグラタン、トーストなどいろんな料理に使用しています。とろっとしたチーズらしさを出したい時には必須。使い切りが難しい場合は、冷凍保存が便利です。

パルメザンチーズ

市販の粉チーズの代わりに、固形で1つ買っておくととても便利。風味もしっかりしていて、チーズ本来のおいしさをより感じられます。賞味期限も半年程と長いものが多いです。パスタやサラダの仕上げにすりおろしてかけると、格段においしくなります。

粒マスタード

ポトフやソーセージなどに添えてそのまま食べるのはもちろん、ドレッシングに入れたり、肉や魚のソースに入れたり、用途はたくさん。料理をピリッと引き締めてくれるので、「何か足りないな？」という時に入れると全体にメリハリが出ます。

おいしさ広がるハーブの世界

● The world of herbs spreading delicacies ●

おうちビストロでよく使うのが、ハーブ。
風味や香りが加わり、料理を格段においしくしてくれる引き立て役です。

バジル

フレッシュで食べれば爽やかで、加熱すると香りが立って食欲そそる風味に。どんな料理とも相性がいいので、こっそりバジルをしのばせれば、格段においしい一皿になります。

保存方法 密閉容器にキッチンペーパーを敷き、その上にのせて3～4日冷蔵保存可。使い切れない時は、刻んでドレッシングに混ぜています。

ディル

魚介と相性がいいディル。甘みのある香りが特徴で、カルパッチョなど生魚と合わせたり、グリルした魚の仕上げに使ったり、マヨネーズやヨーグルトと合わせてドレッシングにしてもおいしいです。

保存方法 密閉容器にキッチンペーパーを敷き、その上にのせて3～4日冷蔵保存可。使い切れない時は、刻んでドレッシングに混ぜたり、ハーブバターにしたりするのがお気に入り。

イタリアンパセリ

こちらも肉、魚、パスタ、ドレッシングと、いろんな料理と相性がいいハーブ。苦みが少なく、香りがいいので、仕上げに使うことが多いです。刻んでパン粉に混ぜ、香り高いフライにするのもおすすめ。

保存方法 夏場は密閉容器にキッチンペーパーを敷き、その上にのせて5～6日冷蔵保存可。冬場は水を張った瓶に挿して保存。

ローズマリー

煮込み料理や炒め物などに入れると存在感を発揮してくれるローズマリー。爽やかでクセになる独特な風味があるのが特徴。少し加えるだけで、いつもの料理がイタリアンやフレンチの味に仕上がります。

保存方法 密閉容器にキッチンペーパーを敷き、その上にのせて5～6日冷蔵保存可。使い切れない時は冷凍保存するのがおすすめ(1ヶ月程度保存可)。

タイム

ローズマリー同様、煮込み料理や炒め物に入れると料理がぐんとおいしくなる、魔法のようなハーブ。何より香りがいいので、煮込み料理に入れると、蓋を開けた瞬間に幸せな気持ちになります。

保存方法 密閉容器にキッチンペーパーを敷き、その上にのせて5～6日冷蔵保存可。使い切れない時は冷凍保存するのがおすすめ(1ヶ月程度保存可)。

ローリエ

こちらも煮込み料理には欠かせないハーブ。臭みを取ってくれるので、魚介や豚バラ肉、牛ほほ肉など塊の肉を煮込む時に使います。

乾燥パセリ

乾燥パセリは主に仕上げに使います。乾燥タイプは賞味期限が長いので、フレッシュハーブが何もない！ という時に助かります。

ハーブの活用法いろいろ

● Various ways to use herbs ●

ハーブをどう使えばいいの？　という人のために、様々なハーブの活用法をご紹介。
余ったハーブを使う際の参考にしてみてください。

1. ドレッシングに入れて

刻んでドレッシングの材料に加えれば、風味豊かなドレッシングの完成。いつものドレッシングと少し変えたい時に試してみて。

2. パン粉に混ぜて

刻んでパン粉に混ぜてフライの衣にすれば、いつもと違う香り高いフライに。肉、魚ともによく合います。

3. 塩に混ぜて

刻んで塩に混ぜて、ハーブソルトに。肉や魚の下味に使用すると、臭みも取れて一石二鳥です。

4. 煮物の香り付け、臭み取りに

煮込む際にハーブを入れれば、風味が加わり、臭みを取ることもできます。一緒に煮込むだけで本格的な味に。

5. ソテーの風味付けに

肉や魚を焼く際にハーブを入れて、一緒にソテーしても。シンプルなソテーに何かプラスしたい時におすすめです。

6. オイルに入れる

オイルに漬けておいたり、調理の際にオイルに入れたりして一緒に加熱すれば、香り高くなります。手元にハーブがあれば、ぜひ入れてみて。

7. ハーブバターにする

刻んだハーブを柔らかくしたバターに混ぜ、ラップで包んで固めれば、ハーブバターに。肉や魚のグリルはもちろん、パンに塗ってもおいしい。

8. トッピングに

一番身近なハーブの使い方。風味が加わるだけでなく彩りもよくなり、見た目にもおいしそうに仕上がります。

あると助かる調理器具

● Cooking utensils that are helpful to have ●

私が愛用している調理道具をご紹介します。
本書のレシピでも大活躍です。

マッシャー

マッシュポテトやポテトサラダ、た
まごサンドなど、何かを潰す時に必
要不可欠なのがマッシャー。目の細
かさやマッシャー自体の大きさなど
様々なものがあるので、使いやすい
ものを選びましょう。

茶こし

我が家では紅茶を淹れる時よりも、
調理に使う頻度が高い茶こし。食
材にまんべんなく薄力粉をまぶし
たい時も、茶こしがあれば無駄な
く均等にできます。お菓子作りで
仕上げに粉砂糖をかける時も必須。
100均などで手に入るので、1
つあるととても助かります。

グレーター（おろし金）

パルメザンチーズなど固形の
チーズをおろす時に欠かせない
調理器具。新鮮なおろしたて
チーズを簡単に自宅でも味わえ
ます。チーズだけでなく、オレ
ンジやレモンの皮を料理の仕上
げにちらす時にも使えます。

ハンドブレンダー

ポタージュを作ったり、野菜の
ドレッシングを作ったり、いろ
んな場面で役に立つのがハンド
ブレンダー。ミキサーを使うと
洗い物が大変だけど、ハンドブ
レンダーはボウルや鍋に入れて
スイッチをオンするだけ。とっ
ても便利で、もう手放せません。

1個持って
おくといろいろ
使えて便利!

無水鍋

1つあると嬉しいのが、ル・クルーゼやストウブに代表される無水鍋。野菜から水分をしっかり出してくれるので、素材本来の旨味がしっかり料理に残り、どんな料理もおいしく仕上がります。カレーやハヤシライスなどの煮込み料理にも欠かせません。

グリルパン

ずっと憧れていたグリルパン。きれいな焼き目が付けられて、付け合わせの野菜のグリルや、メインの肉のグリル、トーストを焼く時にも使えます。しっかり焼き目が付けられるよう、グリルプレス付きのものを愛用。

サービングパン

インスタグラムでも「これどこの？」と聞かれることが多い、見た目も素敵なサービングパン。直火・オーブンOKのため、アヒージョやグラタン、ホットデザートなど、使い勝手も抜群です。

小さめのパエリアパン

せっかくパエリアを作るなら、見た目もスペインらしいものがいい！ と思って探したパエリアパン。直火にかけられてそのままサーブできるのも嬉しい。おもてなしにもぴったりです。

本書の使い方

調理にかかる目安の時間です。一晩寝かせて完成させる料理や、材料を常温に戻す時間など一部含めていないものもあります。

サーモンとアボカドの前菜

• salmon and avocado tartare •

調理時間
10
min

• 材料（2人分）

サーモン（刺身用・スライス）
　　　　　　　　　　　150g
アボカド　　　　　　　1個
ケーパー　　　　　　小さじ1
バジル　　　　　　　4枚程度
A　オリーブオイル
　　　　　　　　　大さじ2
　白ワインビネガー
　　　　　　　　　小さじ2
　塩　　　　　　　少々
　粗びき黒胡椒　　少々
　レモン汁　　　　小さじ1
クリームチーズ
　　　　　　　　大さじ2程度
オリーブオイル　　　適量
バルサミコ酢　　　　適量

• 作り方

1　サーモンとアボカドは5mm角に切り、それぞれ別のボウルに入れる。ケーパーとバジルはみじん切りにする。

2　Aを混ぜ合わせ、半量を1のアボカド、残りを1のサーモンに加え、それぞれ和える。

3　サーモンのボウルにケーパーとバジルを加え、混ぜ合わせる。

4　小さめのココットにラップを敷き、サーモン、アボカドの順に入れてスプーンで表面を軽くならし、ひっくり返して皿に盛る。

5　上にクリームチーズを盛り、周りにオリーブオイル、バルサミコ酢をかける。

小さなお皿に盛り付けるだけで、レストランの前菜のような仕上がりに。
サーモンとアボカドの相性が抜群で、
バジルの爽やかな風味がいいアクセントになります。

ポイントとなる工程は、写真を入れています。

● 材料の表記は 1カップ=200ml(200cc)、大さじ 1=15ml(15cc)、小さじ 1=5ml(5cc)です。
● レシピには目安となる分量や調理時間を表記していますが、様子をみながら加減してください。
● 飾りで使用した材料は明記していないものがあります。お好みで追加してください。
● 野菜類は、特に指定のない場合は、洗う、皮を剥くなどの下準備を済ませてからの手順を記載しています。
● 火加減は、特に指定のない場合は、中火で調理しています。
● スープ類の調理には無水鍋を使用しています。無水鍋以外の調理器具を使用する場合は様子を見て、適宜加熱時間や水分量を調整してください。

Chapter 1

前菜とサラダ

appetizer and salad

ささっと作って出したい前菜とサラダ。
簡単だけど少しこだわりのある一品で、
晩ごはんの始まりです。

サーモンとアボカドの前菜

● salmon and avocado tartare ●

小さなお皿に盛り付けるだけで、レストランの前菜のような仕上がりに。
サーモンとアボカドの相性が抜群で、
バジルの爽やかな風味がいいアクセントになります。

●材料● （2人分）

サーモン（刺身用・スライス）
　　　　　　　　　　 150g
アボカド ――――――― 1個
ケーパー ――――― 小さじ 1
バジル ――――――― 4枚程度
A｜オリーブオイル
　　　　　　　　　 大さじ 2
　｜白ワインビネガー
　　　　　　　　　 小さじ 2
　｜塩 ――――――――― 少々
　｜粗びき黒胡椒 ――― 少々
　｜レモン汁 ――――― 小さじ 1
クリームチーズ
　　　　　　　　 大さじ 2程度
オリーブオイル ―――― 適量
バルサミコ酢 ――――― 適量

●作り方●

1 サーモンとアボカドは 5mm角に切り、それぞれ
　別のボウルに入れる。ケーパーとバジルはみじ
　ん切りにする。

2 Aを混ぜ合わせ、半量を **1** のアボカド、残りを
　1 のサーモンに加え、それぞれ和える。

3 サーモンのボウルにケーパーとバジルを加え、
　混ぜ合わせる。

4 小さめのココットにラップを敷き、サーモン、
　アボカドの順に入れてスプーンで表面を軽くな
　らし、ひっくり返して皿に盛る。

5 上にクリームチーズを盛り、周りにオリーブオ
　イル、バルサミコ酢をかける。

マッシュルームと
クリームソースのオムレツ

● omelet with mushrooms and cream sauce ●

バゲットや食パンと食べると絶品のレシピ。
熱いうちにどうぞ。

●材料● （2人分）

【ソース】
マッシュルーム ─────── 6個
有塩バター ──────── 10g
塩、粗びき黒胡椒 ───── 各少々
生クリーム ─────── 100㎖

【オムレツ】
卵 ─────────── 2個
牛乳 ────────── 50㎖
塩、粗びき黒胡椒 ───── 各少々
有塩バター ──────── 10g
ピザ用チーズ ────── 大さじ2

●作り方●

1 【ソースを作る】マッシュルームは石づきを取り除き、4等分にする。

2 フライパンを火にかけてバターを熱し、**1** を入れて弱めの中火で炒める。

3 塩、胡椒、生クリームを加え、弱火で煮詰めてとろみをつける。

(**Point**) ゴムベラを使うと調理しやすい。

4 【オムレツを作る】卵、牛乳、塩、胡椒をボウルに入れ、混ぜ合わせる。

5 サービングパン（直火・オーブン可のもの）を火にかけてバターを入れ、溶けたら弱火にし、**4** を一気に加える。

6 チーズを加え、卵に少し火が通ってきたらゴムベラで大きく2回混ぜ、**3** をかける。

7 トースターで2分程焼く。

memo
サービングパンがない場合は、フライパンでオムレツを作って耐熱皿に移してからソースをかけてもOKです。

アスパラと卵のオーブン焼き

調理時間
20
min

アスパラが旬の時期に食べたいレシピ。
ホワイトアスパラで作っても絶品です。
塩をトリュフソルトにしたり、仕上げにトリュフオイルをかけたりしても。

● 材料 ●（2 人分）

グリーンアスパラガス … 6 本
有塩バター …………………… 10g
卵 …………………………………… 2 個
パルメザンチーズ
（またはピザ用チーズ）、塩、
粗びき黒胡椒
………………………………… 各適量
トリュフソルト、
オリーブオイル
………………………………… 適宜

● 事前準備 ●

オーブンは 220℃に予熱する。

● 作り方 ●

1 アスパラは根元を切り落とす。

2 鍋に湯を沸かして塩ひとつまみ（分量外）を加え、
アスパラを 1 分茹でる。

3 アスパラの水気を切って耐熱皿に並べ、バター、
卵、チーズをのせ、塩、胡椒をふる。

4 220℃のオーブンで 12 分焼く。

5 お好みで胡椒やトリュフソルト、オリーブオイ
ルをかける。

memo
オーブンがない場合は、アスパラ
の茹で時間を 2 分に変更し、トー
スターで 12 分焼いても作れます。

マッシュポテトと
タコとトマトのグリル

● grilled mashed potatoes, octopus and tomatoes ●

旨味が凝縮されたタコとトマトと一緒に食べると、
マッシュポテトが一段とおいしくなります。
おつまみにもおすすめ。

●材料●（2人分）

茹でダコ ……………… 60g程度

にんにく ………………… 1かけ

ローズマリー ……… 小さじ ¼

じゃがいも ……………… 4個

ミニトマト …………… 6〜8個

A｜オリーブオイル

　　　……………………… 大さじ 4

　　塩、粗びき黒胡椒

　　　…………………………… 各少々

塩、粗びき黒胡椒 …… 各少々

牛乳 ……………… 大さじ 5程度

イタリアンパセリ ………… 適量

パプリカパウダー ………… 適量

●事前準備●

オーブンは 190℃に予熱する。

●作り方●

1 茹でダコは一口大に切る。にんにく、ローズマリー、イタリアンパセリはみじん切りにする。じゃがいもは皮を剥いて半分に切る。

2 鍋にじゃがいもとひたひたの水を入れて火にかけ、竹串がすっと刺さる柔らかさになるまで茹でる。

3 茹でダコ、ミニトマト、にんにく、ローズマリー、Aをボウルに入れて和え、クッキングシートにのせ、190℃のオーブンで 15分焼く。

4 じゃがいもが茹で上がったら湯を捨てて水気を飛ばし、マッシャーで潰す（フォークなどでも可）。

5 塩、胡椒、牛乳を加えて混ぜ、好みの固さになったら皿に盛り、**3**をのせてイタリアンパセリをちらし、パプリカパウダーをふる。

にんじんの甘味とオレンジの酸味で、
デザートのような感覚で食べられちゃうサラダ。
オレンジと黄色の色合いも素敵です。

キャロットラペ

● carrot lape ●

● 材料 ● （2人分）

にんじん	½ 本
塩	ひとつまみ
オレンジ	½ 個
A オリーブオイル	大さじ1
白ワインビネガー	大さじ1
粗びき黒胡椒	少々
粗びき黒胡椒	適量

memo
オレンジやレモンを絞る時は、
茶こしを使うと種が入らなくて
便利です。

● 作り方 ●

1 にんじんは皮を剥いて千切りにし、ボウルに入れて塩を加え軽く揉み、そのまま20分程置く。水分が出てきたらぎゅっと押さえて、水を捨てる。

2 オレンジは半分に切り、片方は絞って絞り汁を**1**のボウルに加える。もう片方は皮を剥いて一口大に切る。

3 Aをボウルに加え、和える。

4 オレンジを**3**に加え、軽く混ぜ合わせる。皿に盛り、胡椒をふる。

食べ応え抜群のサラダ。
作り置きにももってこいです。

ブロッコリーとツナのサラダ

調理時間

15 min

— broccoli and tuna salad —

●材料● （2人分）

ブロッコリー ―――――― 1房
A│マヨネーズ ―――― 大さじ2
　│醤油 ――――――― 小さじ½
　│ツナ缶（油漬け） ―――― 1缶
　│塩、粗びき黒胡椒
　│　　　　　　　　　―――― 各少々
粗びき黒胡椒 ――――――― 適量

●作り方●

1 ブロッコリーは一口大に切る。

2 鍋に湯を沸かして塩ひとつまみ（分量外）を加え、ブロッコリーを入れて2~3分茹でる。

3 ブロッコリーの水気を切ってボウルに入れ、**A**を加えて混ぜ合わせる。皿に盛り、胡椒をふる。

玉ねぎはマヨネーズと和えることで辛味が取れ、トマトの甘味とマッチ。
トマトの赤と玉ねぎドレッシングの白のコントラストがきれいなサラダです。

トマトと玉ねぎのサラダ

● tomato and onion salad ●

調理時間

15
min

● 材料 ●（2人分）

玉ねぎ	1/4 個
マヨネーズ	大さじ5
トマト（大）	1個
白ワインビネガー	大さじ1
塩	少々
粗びき黒胡椒	適量
オリーブオイル	適量

● 作り方 ●

1 玉ねぎはみじん切りにしてボウルに入れ、マヨネーズを加えて混ぜ、10分置く。

> Point　マヨネーズと和えると、玉ねぎの辛味が取れる。

2 トマトは7mm幅の薄切りにし、皿に盛り付ける。

3 **1** に白ワインビネガー、塩、胡椒を加えて混ぜ合わせ、**2** にかける。

4 仕上げに胡椒をふり、オリーブオイルをかける。

秋になったら食べたい、エリンギをおいしく食べるためのレシピ。
しいたけなどでもアレンジ可能です。

エリンギのバターソース添え

● king oyster mushroom with butter sauce ●

調理時間

15
min

●材料●（2人分）

エリンギ	┈┈┈┈┈	3本
にんにく	┈┈┈┈┈	1かけ
有塩バター	┈┈┈┈┈	10g
塩、粗びき黒胡椒		各少々

A マヨネーズ ┈┈┈ 大さじ2

　白ワインビネガー
　┈┈┈┈┈┈ 大さじ1

　オリーブオイル
　┈┈┈┈┈┈ 大さじ1

　塩、粗びき黒胡椒
　┈┈┈┈┈┈ 各少々

バルサミコ酢 ┈┈┈┈ 適量

イタリアンパセリ ┈┈┈ 適量

●作り方●

1 エリンギは縦半分に切り、イタリアンパセリはみじん切りにする。にんにくは半分に切って包丁で潰す。

2 フライパンを火にかけ、バター、にんにくを入れて、バターににんにくの香りを移す。

3 エリンギを加え、こんがりと焼き目がつくまで焼き、塩、胡椒をふる。

4 ボウルにAを入れ、混ぜ合わせる。

5 エリンギを皿に盛り、4、バルサミコ酢をかけ、イタリアンパセリをちらす。

Column_01

ドレッシング & ソース

サラダや肉、魚のグリルにかけたいドレッシングとソースのレシピをご紹介。
簡単に作れるので、いつもとは少し違う味で食べたい時に試してみてください。
使用するハーブは、気分によって変えてもOK。

ハーブチーズマヨネーズ

herb cheese mayonnaise

●おすすめ料理●
エビフライに添える、
ウフマヨ、バーニャカウダなど

●材料● （2人分）

マヨネーズ	大さじ5
パルメザンチーズ（粉チーズ）	大さじ1
白ワインビネガー	大さじ1
ディル	小さじ2
塩、粗びき黒胡椒	各少々

●作り方●

ディルはみじん切りにし、すべての材料を混ぜ合わせる。

玉ねぎとバルサミコのドレッシング

onion and balsamic
dressing

●おすすめ料理●
レタスのサラダ、
トマトにかける

●材料● （2人分）

玉ねぎ	½個
バルサミコ酢	大さじ1
オリーブオイル	大さじ2

●作り方●

玉ねぎはすりおろすかブレンダーにかけ、耐熱皿に入れて500Wの電子レンジで30秒加熱する。すべての材料を混ぜ合わせる。

ヨーグルトドレッシング

yogurt dressing

レタスやトマトのサラダ、
タンドリーチキンに添えるなど

●材料● （2人分）

ヨーグルト	大さじ4
白ワインビネガー	大さじ1
イタリアンパセリ	小さじ1
にんにく	1かけ（にんにくチューブの場合 小さじ1程度）
オリーブオイル	大さじ1

●作り方●

イタリアンパセリはみじん切りにし、にんにくはすりおろす。すべての材料を混ぜ合わせる。

トマトのドレッシング

tomato dressing

レタスのサラダ、
チキンのグリルに添える

●材料● （2人分）

トマト	2個
イタリアンパセリ	小さじ1
オリーブオイル	大さじ2
白ワインビネガー	大さじ2
塩、粗びき黒胡椒	各少々

●作り方●

トマトは1cm角に切り、イタリアンパセリはみじん切りにする。すべての材料を混ぜ合わせる。

Column_02

クルトン

サラダはもちろん、ポタージュなどの
スープにのせてもおいしいです。

固くなって
しまったパン
でも作れる!

クルトン

croutons

•材料•

バゲットや食パン ……………………… 適量
有塩バター ……………………………… 適量
お好みのドライハーブ
(ローズマリーやタイムがおすすめ)
……………………………………… 適量

•作り方•

1 バゲットや食パンを7mm程度の角
  切りにする。

2 フライパンにバターを入れて火に
  かけ、ドライハーブを加える。

3 1を加え、全面がカリッとするま
  で焼く。

※使い切れない場合は、冷蔵庫で保存して翌
日も使用できます。

Chapter 2

肉のおかず

meat dish

フライやソテーなど、
食べ応え抜群の肉料理。
ハーブを使ったりソースを工夫したりすれば、
重たくならずにぺろりと食べられます。

コルドンブルー

調理時間

30
min

中からとろけ出るチーズがたまらない。
食べ応えがあって男性の満足度も高い、我が家の結婚記念日の定番メニューです。

● 材料 ●（2人分）

鶏ささみ肉 ……………………… 4本
塩、粗びき黒胡椒 ……… 各少々
スライスチーズ(溶けるタイプ)
……………………………………… 2枚
バジル …………………… 8枚程度
有塩バター ……………………… 10g
オリーブオイル ………………… 適量
薄力粉 …………………………… 適量
溶き卵 …………………………… 1個分
パン粉 …………………………… 適量
乾燥パセリ ……………………… 適量
トマトソース ………… 100g程度

● 作り方 ●

1 鶏ささみ肉は縦半分に切り目を入れて開き、それぞれラップで包んで包丁の背で叩いて、4mm程度の厚さに伸ばす。

2 両面に塩、胡椒をふり、1枚にスライスチーズ1枚分、もう1枚にバジル4枚をのせ、合わせて1つにする。残りも同様にし、もう1セット作る。

3 小鍋にトマトソースを入れて弱火にかけ、温める。

4 フライパンにバター、オリーブオイル(深さ1.5cm程度)を入れて火にかけ、180℃(パン粉を落とすと、すぐに音を立てて広がる状態)に熱する。

5 <u>2</u>に薄力粉、溶き卵、パン粉の順に衣をつけ、<u>4</u>のフライパンに入れて両面がきつね色になるまで揚げ焼きにする。

6 皿に盛ってパセリをちらし、<u>3</u>のソースを添える。

memo
細かめのパン粉を使用すると、洋食らしい仕上がりになります。

チキンのソテー
トマトとチーズのソース添え

調理時間 ⏰
30 min
うちソースの煮込み
時間20min

● sauteed chicken with tomato and cheese sauce ●

チーズをのせたソースが特別に感じられるレシピ。
身近な材料の組み合わせで、とってもおいしくなります。

● 材料 ● （2 人分）

鶏もも肉 ──────── 2 枚
塩、粗びき黒胡椒 ── 各少々
玉ねぎ ───────── 1/4 個
にんにく ─────── 1 かけ
トマトソース ──── 150g
オリーブオイル ─── 適量
ローズマリー ──── 適量
スライスチーズ（溶けるタイプ）
──────────── 2 枚

● 作り方 ●

1 玉ねぎ、にんにくはみじん切りにする。

2 小鍋にオリーブオイル、にんにくを入れて弱火にかけ、香りが出たら玉ねぎ、塩ひとつまみ（分量外）を加えて、弱めの中火で 3 分程、玉ねぎがしんなりするまで炒める。

3 トマトソースを加え、弱火で 20 分程煮込む。

4 鶏肉は筋を取り、両面に塩、胡椒をふる。

5 フライパンを火にかけてオリーブオイルを熱し、鶏肉の皮目を下にして加え、トングなどで上から押さえながら中火で 4 分程、皮目がカリッとするまで焼く。

6 鶏肉を裏返してローズマリーを加え、少しずらして蓋をして、さらに 5 分程焼く。

7 耐熱皿に **3** のソースを入れ、スライスチーズをのせてトースターでチーズが溶けるまで 4 分程温める。

8 溶けたチーズの上に **6** をのせる。

memo
肉や魚の下味用の塩にハーブソルトを使うと、一段とおいしく仕上がります。

赤ワインソースの
ハンバーグステーキ

● hamburg steak with red wine sauce ●

30
min

定番のハンバーグ。
柔らかく肉汁たっぷりに仕上がるレシピです。

● 材料 ● （2人分）

玉ねぎ ―――――――――― ½個

A ┃ 合い挽き肉 ――――― 250g
　 ┃ パン粉 ――――― 大さじ 1 + ½
　 ┃ 牛乳 ―――――――― 大さじ 1
　 ┃ 卵 ――――――――――― 1個
　 ┃ ナツメグ ――――― 小さじ ½
　 ┃ 塩、粗びき黒胡椒
　 ┃ ――――――――――― 各少々

赤ワイン ――――――――― 120㎖
ウスターソース ――― 大さじ 5
ケチャップ ―――――― 大さじ 4
生クリーム ――――――――― 適宜
オリーブオイル ―――――― 適量

● 作り方 ●

1 玉ねぎはみじん切りにする。

2 フライパンにオリーブオイルを熱し、玉ねぎを中火でしんなりするまで炒める。炒めたらバットに取り出し、粗熱を取る。

3 ボウルに粗熱が取れた玉ねぎと A を入れ、粘り気が出るまで素早くこねる。

4 2 等分にして空気を抜くように成形する。

5 フライパンにオリーブオイルを熱し、温かくなったら **4** を入れ、中火で 4 分程こんがりと焼き目が付くまで焼く。脂が出たらキッチンペーパーで拭き取る。

6 裏返し、弱めの中火にして蓋をし、さらに 6 分加熱する。

7 竹串を刺し、中から出てくる肉汁が透明になっていたら、皿に盛り付ける。

8 フライパンをキッチンペーパーで簡単に拭き取り、赤ワインを入れて火にかけ、アルコールを飛ばす。

9 ウスターソース、ケチャップを加えて混ぜ合わせ、少し煮詰めてハンバーグにかける。お好みで生クリームをかける。

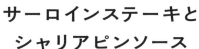

サーロインステーキと
シャリアピンソース

調理時間

• sirloin steak with chaliapin sauce •

25 min

シャリアピンソースはサーロインステーキだけでなく、
豚肉や鶏肉などいろんなグリルと相性抜群。
このソースどこの？　と聞かれる絶品ソースです！

●材料●（2人分）

牛サーロイン肉 ------------ 2枚
塩、粗びき黒胡椒 ------ 各適量
玉ねぎ ------------------------ ½ 個
大根 -------------------------- 4cm程度
A｜ 赤ワイン ------------ 大さじ3
　　醤油 -------------------- 大さじ5
　　砂糖 -------------------- 小さじ2
　　水 ---------------------- 大さじ2
　　バルサミコ酢
　　　---------------------- 大さじ ½
オリーブオイル ------------ 適量
イタリアンパセリ --------- 適量

●作り方●

1 玉ねぎ、大根は皮を剥いてすりおろす。イタリアンパセリは粗みじん切りにする。

2 フライパンにオリーブオイルを熱し、玉ねぎを入れて4分程度中火で炒める。

3 Aを加えて軽く混ぜ合わせ、弱めの中火で10分煮る。

4 水気を切った大根を加えて軽く混ぜ合わせ、火を止める。

(Point) 大根の辛味を飛ばしたい場合は、軽く煮る。

5 牛肉の両面に塩、胡椒をふる。

6 別のフライパンにオリーブオイルを熱し、フライパンが熱くなったら牛肉を入れ、中火で両面がこんがりするまで焼く。

7 ステーキを皿に盛り、**4**のソースをかける。イタリアンパセリをちらす。

memo
ソースは作り置きしても便利。
冷蔵庫で3日程保存可能です。

豚肉のレモンバターソースがけ

● pork with lemon butter sauce ●

お肉をソテーするだけの簡単なレシピの時は
レモンやハーブを使ったり、塩を変えてみたりすると、新しいおいしさになります。

●材料● （2人分）

豚ロース肉 ──────── 2枚
塩、粗びき黒胡椒 ─── 各少々
にんにく ──────── 1かけ
レモン（国産） ────── 1個
ローズマリー ────── 2本
オリーブオイル ──── 大さじ1
有塩バター ───────── 10g
バルサミコ酢 ─────── 適宜

●作り方●

1 豚肉は包丁の背で叩き、両面に塩、胡椒をふる。

2 にんにくは半分に切り、包丁で潰す。レモンは
よく洗って半分に切り、半量を薄切りにし、も
う半量は絞って果汁をとる。

3 フライパンにオリーブオイル、にんにくを入れ
て弱火で熱し、フライパンを傾けるようにして
オリーブオイルににんにくの香りを移す。

4 豚肉を加え、中火で5分程こんがりとした焼き
色がつくまで焼く。

5 豚肉を裏返し、ローズマリー、スライスした
レモン、レモンの絞り汁、バターを加え、豚肉
に絡めながら5分程焼く。

6 こんがりとした焼き色が付いたら皿に盛り、フ
ライパンに残ったソースをかける。お好みでバ
ルサミコ酢をかける。

ミラノ風カツレツ

調理時間
30
min

衣にチーズを入れるのが、イタリア風。
イタリアの味をご自宅でも。

●材料● （2人分）

牛ヒレ肉 ·············· 2枚
塩、粗びき黒胡椒 ······ 各少々
パルメザンチーズ（粉チーズ）
················· 10g
薄力粉 ················ 適量
溶き卵 ·············· 1個分
パン粉 ················ 適量
オリーブオイル ·········· 適量
有塩バター ············ 10g
トマトソース ······ 150g程度

●作り方●

1 牛肉は両面に塩、胡椒をふる。

2 ボウルにパン粉とすりおろしたパルメザンチーズを入れ、混ぜ合わせる。

3 **1**に薄力粉、溶き卵、**2**のパン粉の順に衣をつけ、片面に包丁の背でひし形の模様をつける。

4 フライパンにオリーブオイル（深さ1cm程度）、バターを入れて火にかけ、180℃（パン粉を落とすと、すぐに音を立てて広がる状態）に熱したら、**3**を入れて揚げ焼きにする。両面がきつね色になったら油を切り、模様をつけた方を上にして皿に盛る。

5 小鍋にトマトソースを入れて弱火にかけ、温まったらカツレツに添える。

夏野菜とミートボール

— ● summer vegetables and meatballs ● —

おつまみにしてもおいしいレシピ。
ローズマリーとチーズが加わることで、
コクと風味のあるミートボールに仕上がります。

●材料●（2人分）

玉ねぎ ……………………… 1/2 個
なす ……………………………… 1 本
ズッキーニ ……………… 1/2 本
にんにく …………………… 1 かけ
トマトソース …………… 100g
塩、粗びき黒胡椒 ……… 各少々
オリーブオイル ………… 適量
A｜合い挽き肉 ………… 300g
　｜卵 ……………………………… 1 個
　｜ローズマリー
　｜ ………………………………… 1/4 本
　｜パルメザンチーズ
　｜（粉チーズ） ……… 大さじ 1
　｜塩、粗びき黒胡椒
　｜ ………………………………… 各少々
パルメザンチーズ（粉チーズ）、
イタリアンパセリ ……… 適宜

●作り方●

1 玉ねぎ、ローズマリーはみじん切り、なすとズッキーニを 5mm 幅の輪切りにし、にんにくは半分に切って包丁で潰す。なすは 10 分水に浸け、あくを抜く。

2 小鍋にオリーブオイル、にんにくを入れて火にかけ、香りが出たら玉ねぎを加えて中火で 3 分程しんなりするまで炒める。

3 トマトソースを加えて 20 分程煮込み、塩、胡椒で味を調える。

4 ボウルに **A** を入れて手早くこね、直径 4cm 程度の大きさに丸める。

5 フライパンにオリーブオイルを熱し、**4** を入れて中火で焼く。全面に焼き色が付いたら蓋をして、弱火で 5 分焼いて中まで火を通す。

6 別のフライパンにオリーブオイルをひき、なすとズッキーニを入れ、両面にこんがり焼き色を付ける。

7 皿に **3** のソースを敷き、なすとズッキーニを並べ、その上にミートボールをのせる。お好みでチーズと刻んだイタリアンパセリをちらす。

スペアリブとオレンジソース

— • spareribs and orange sauce • —

スーパーで立派なスペアリブを見つけたら作りたいレシピ。
オレンジが甘味と爽やかさをプラスして、後を引くおいしさです。

●材料●（2人分）

スペアリブ ……………… 6本
塩、粗びき黒胡椒 …… 各少々
薄力粉 ……………………… 適量
オリーブオイル ……… 大さじ2
赤ワイン ………………… 大さじ2
A｜コンソメ（顆粒）
　　　………………… 小さじ1
　水 ……………………… 250㎖
　オレンジ ……………… ½個
　はちみつ ……………… 大さじ2
　バルサミコ酢 ……… 大さじ1

●作り方●

1 オレンジは半分に切り、片方は皮を剥いて薄切りにし、もう片方は絞って果汁をとる。

2 スペアリブは両面に塩、胡椒をふり、薄力粉をまぶす。

3 フライパンにオリーブオイルを熱し、スペアリブを入れて中火で全面をこんがりと焼く。

4 焼き色が付いたら赤ワインを加え、スペアリブにまとわせるようにフライパンを揺らしながら加熱し、アルコールを飛ばす。

5 ボウルに**A**を入れて混ぜ合わせ、**4**のフライパンに一気に加える。蓋をして弱めの中火〜弱火で40分程煮込む。

6 スペアリブを取り出し、残りのソースを混ぜながらとろみがつくまで煮詰める。

7 スペアリブを皿に盛り、ソースをかける。

タンドリーチキン
ヨーグルトソース添え

調理時間

55
min

うち漬け込み時間
30min

● tandoori chicken with yogurt sauce ●

タンドリーチキンが一層おいしくなるヨーグルトソース。
香ばしいチキンにまろやかな酸味がよく合います。

●材料●（2人分）

鶏もも肉 ──────── 2枚
塩、粗びき黒胡椒 ── 各少々
ヨーグルト ──────大さじ5
カレー粉 ──────大さじ2
ローズマリー ──────1本
イタリアンパセリ、
パプリカパウダー
　　　　　　　　── 各適量
A｜ヨーグルト ──大さじ4
　｜白ワインビネガー
　｜　　　　　──大さじ1
　｜オリーブオイル
　｜　　　　　──大さじ1
　｜レモン汁────小さじ1
　｜にんにく（すりおろし）
　｜　── 1かけ分（チューブ
　｜　　　の場合は小さじ1）
　｜塩、粗びき黒胡椒
　｜　　　　　── 各少々

●作り方●

1 鶏肉は両面に塩、胡椒をふる。

2 ボウルにヨーグルトとカレー粉を入れて混ぜ合わせ、鶏肉の両面に塗る。全体に馴染ませたら上からラップを落として30分置く。その間にオーブンを230℃に予熱する。

3 天板に鶏肉、ローズマリーをのせ、オーブンで20分焼く。

4 ボウルにAを入れ、混ぜ合わせる。

5 皿に**4**を注ぎ、鶏肉をのせる。刻んだイタリアンパセリ、パプリカパウダーをふる。

memo
ライムやレモンを添えるのもおすすめです。

半熟卵のスコッチエッグ

— ● soft-boiled scotch egg ● —

割ると黄身がとろっと流れ出てくる。
特別な日に作りたい手の込んだレシピです。

● 材料 ●（2 人分）

合い挽き肉	250g
玉ねぎ	½ 個
卵	2 個
オリーブオイル	適量
A ┌ パン粉	大さじ 1
│ 牛乳	大さじ 1
└ ケチャップ	小さじ ½
薄力粉	適量
溶き卵	1 個分
パン粉	適量
揚げ油	適量
ウスターソース、ケチャップ	
	各大さじ 4

● 作り方 ●

1 鍋に湯を沸かし、卵を入れて 6 分半茹でる。殻を剥き、氷水で冷やす。

2 玉ねぎはみじん切りにし、オリーブオイルを熱したフライパンでしんなりするまで炒め、バットに取り出して粗熱を取る。

3 ボウルに合い挽き肉、粗熱を取った玉ねぎ、**A** を入れ、手早くこねる。

4 **3** の半量をラップに広げ、その上に茹で卵を 1 個のせ、たねで卵全体を覆うように隙間なく包む。同様にあと 1 個包み、ラップに包んだ状態で冷蔵庫に入れ 40 分休ませる。

5 **4** に薄力粉、溶き卵、パン粉の順に衣をつける。

6 鍋に揚げ油を入れて火にかけ、170℃（パン粉を落とすと、音を立てて鍋全体にゆっくり広がる状態）に熱したら **5** を入れ、きつね色になるまで 7 分程揚げる。

7 小鍋にウスターソースとケチャップを入れて弱火にかけ、混ぜながら温める。

8 皿に **7** のソースを敷き、**6** をのせる。

Column_03

おすすめのじゃがいも付け合わせ

肉料理や魚料理の付け合わせに便利なのが、じゃがいも料理。
ここでは私がよく作る3つの付け合わせのレシピをご紹介します。

マッシュポテト
mashed potatoes

•作り方•

じゃがいも4個の皮を剥いて半分に切り、鍋に入れてひたひたの水を加えて茹でる。竹串がすっと入る柔らかさになったら湯を捨て、そのまま鍋で空焚きして水気を飛ばす。マッシャーで潰し、塩少々、胡椒少々を加え、牛乳大さじ5程度(好みの硬さになるまで)を加えて混ぜれば完成。ゴムベラを使って混ぜると、きれいに仕上がります。

じゃがいものガレット
galette of potatoes

•作り方•

じゃがいも4個の皮を剥き、千切りにしてボウルに入れ、薄力粉大さじ 1/2 を加えて混ぜ合わせる。フライパンに有塩バター10gを入れて熱し、じゃがいもを加えて塩、胡椒をふり、カリッとするまでフライ返しで押さえながら両面を焼く。中にチーズを入れたり、サワークリームを添えたりするのもおすすめ。これだけでメインになってしまうくらいおいしい一品です。

じゃがいものソテー
sauteed potatoes

•作り方•

よく洗った小さめのじゃがいも5~6個を皮付きのまま耐熱皿に入れてラップをし、500Wの電子レンジで5分程加熱する。半分に切り、フライパンにオリーブオイル適量、ローズマリー(またはタイム)2本を入れて火にかけ、香りが出たらじゃがいもを加える。ハーブの香りがじゃがいもに移り、爽やかでおいしい!にんにくと一緒にソテーするのもおすすめです。

Chapter 3

魚のおかず

fish dish

シンプルなソテーやグリルも、
ソースを工夫すればお店のような一品に。
いつもと少し違う魚料理をどうぞ。

ホタテのグリル
白ワインホワイトソース添え

● grilled scallops served with white wine sauce ●

ホタテをおいしく食べるためのレシピ。
ホワイトソースに白ワインが入ることで、魚介に合う爽やかな風味になります。
バゲットにつけたり、のせたりしてどうぞ。

● 材料 ●（2 人分）

ホタテ貝柱（冷凍でも可）
　────── 7 個程度
玉ねぎ ──────── ¼ 個
ほうれん草 ────── ½ 束
有塩バター ─────── 15g
薄力粉 ──────── 15g
牛乳 ──────── 250mℓ
塩、粗びき黒胡椒 ── 各適量
白ワイン ────── 大さじ 1
オリーブオイル ───── 適量

● 作 り 方 ●

1 玉ねぎはみじん切りにする。ホタテは冷凍のものを使う場合、解凍する。

2 鍋に湯を沸かして塩ひとつまみ（分量外）を加え、ほうれん草を 1 分茹でる。水気を絞って 3cm幅に切る。

3 小さめのフライパンにバターを入れて火にかけ、玉ねぎを加えて弱めの中火で 2 分程炒め、ほうれん草を加える。

4 薄力粉を加えて弱火にし、全体を混ぜ合わせ、少しずつ牛乳を加える。

5 ダマにならないよう混ぜ合わせたら、塩、胡椒、白ワインを加えて混ぜ、全体に馴染んだら火を止める。

6 ホタテは水気を切って両面に塩、胡椒をふる。別のフライパンにオリーブオイルを入れて火にかけ、ホタテを中火で両面にこんがり焼き色が付くまで焼く。

7 耐熱皿に <u>5</u> のソース、ホタテを盛り、トースターで 10 分焼く。

サーモンのムニエル
タルタルソース添え

● salmon meuniere with tartar sauce ●

タルタルソースは他の料理にかけてもおいしい。
サーモンの代わりに、ヒラメやサワラなど旬の魚で作ることもできます。

● 材料 ●（2人分）

サーモン ……………… 2切れ
薄力粉 ………………… 適量
有塩バター …………… 10g
白ワイン …………… 大さじ1
塩、粗びき黒胡椒 … 各少々
卵 …………………… 2個
A 粒マスタード … 小さじ1
　 白ワインビネガー
　 ………………… 小さじ1
　 マヨネーズ …… 大さじ2
　 イタリアンパセリ
　 ………………… 適量
　 塩、粗びき黒胡椒
　 ………………… 各少々

● 作り方 ●

1 イタリアンパセリはみじん切りにする。

2 鍋に湯を沸かし、卵を入れて8分茹で、殻を剥く。

3 ボウルに茹で卵を入れてフォークで細かく潰し、Aを加えて混ぜ合わせる。

4 サーモンは両面に塩、胡椒をふり、薄力粉をまぶす。

5 フライパンにバターを入れて火にかけ、中火でサーモンの両面を4分ずつ、こんがりと焼く。

6 両面に焼き色が付いたら、白ワインを加えてアルコールを飛ばし、香りをまとわせたら皿に盛り、**3**のソースを添える。

memo
魚介の下味の塩にオレガノソルトを使うと、風味が加わるだけでなく、魚介の臭みを消してくれるのでおすすめです。

タイのアクアパッツァ

調理時間 25 min

acqua pazza of sea bream

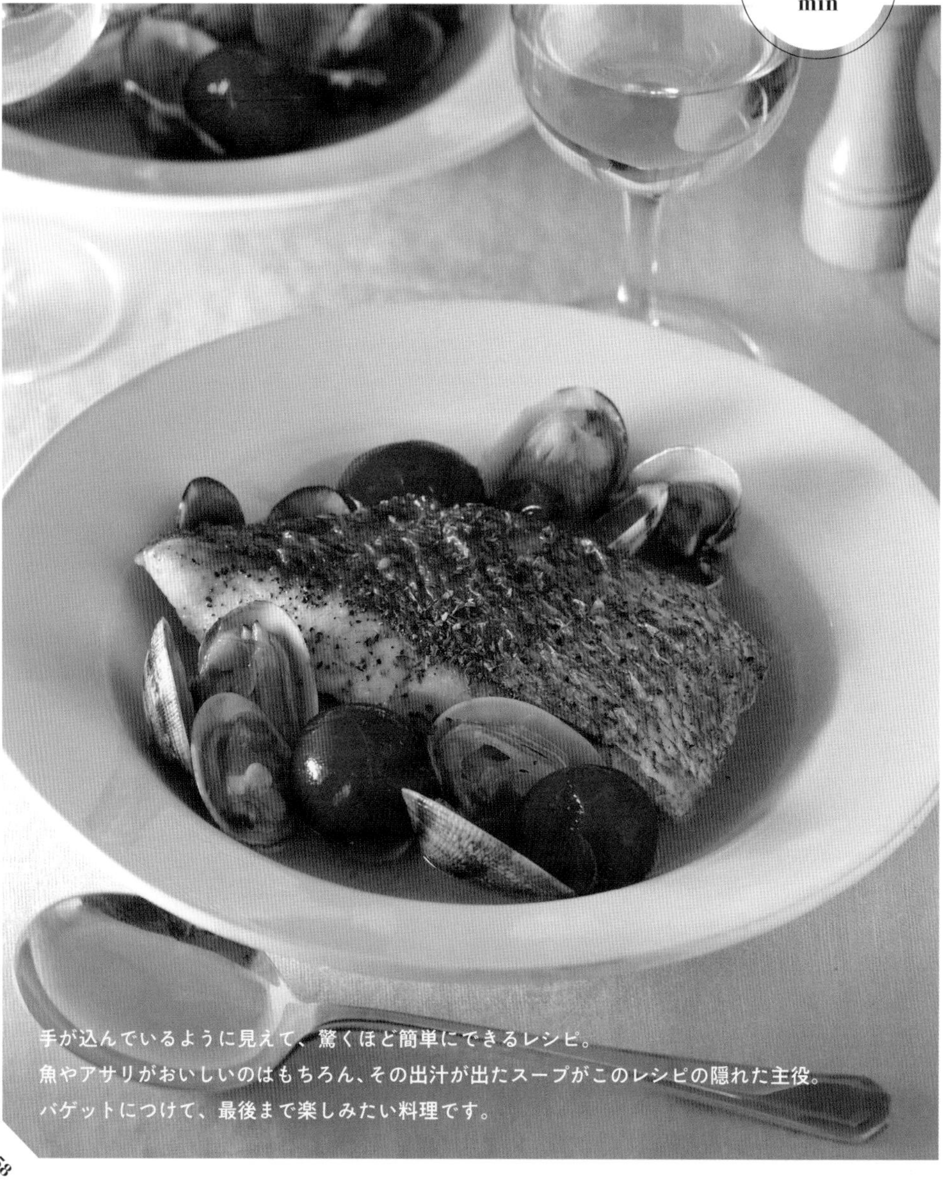

手が込んでいるように見えて、驚くほど簡単にできるレシピ。
魚やアサリがおいしいのはもちろん、その出汁が出たスープがこのレシピの隠れた主役。
バゲットにつけて、最後まで楽しみたい料理です。

● 材料 ●（2人分）

タイ ―――――――― 2切れ
アサリ（砂抜き済み）――― 150g
オリーブオイル ―― 大さじ2
白ワイン ――――――― 100㎖
塩、粗びき黒胡椒 ―― 各適量
にんにく ――――――― 1かけ
ミニトマト ――――― 8個程度
乾燥パセリ ――――――― 適量

● 作り方 ●

1 アサリは殻をこすり合わせて軽く洗う。タイは両面に塩、胡椒をふる。

2 にんにくは半分に切り、包丁で潰す。

3 フライパンにオリーブオイル、にんにくを入れて弱火にかける。

4 香りが出たらタイを加え、中火で両面を4分ずつ、こんがりと焼き色が付くまで焼く。

5 アサリ、ミニトマト、白ワインを加え、アサリの殻が開くまで蓋をして蒸し焼きにする。

6 スープの味を見て、好みで塩、胡椒を加える。にんにくは取り出す。

7 皿に盛り、パセリをちらす。

エビマヨ

調理時間

• shrimp with mayonnaise •

15
min

ピリッとしたチリソースが、エビの旨味を引き立てる。
簡単なので、もう一品加えたい時やおもてなしの料理にもぴったりです。

● 材料 ●（2人分）

冷凍剥きエビ ─────── 15尾程度
塩、粗びき黒胡椒 ─── 各少々
薄力粉 ─────────── 大さじ1
オリーブオイル ─────── 適量
A｜マヨネーズ ─────── 大さじ4
　｜ケチャップ ─────── 大さじ1
　｜チリソース ─────── 大さじ1
　｜白ワインビネガー
　｜　────────── 小さじ½
　｜レモン汁 ─────── 小さじ½
　｜塩、粗びき黒胡椒
　｜　──────────── 各少々
イタリアンパセリ、
パプリカパウダー ─── 各適量

● 作り方 ●

1 エビは解凍して水気を拭き、背ワタを取り除いて塩、胡椒をふり、薄力粉をまぶす。

2 フライパンを火にかけてオリーブオイルを熱し、エビを中火で両面がこんがりするまで焼く。

3 ボウルにAを入れて混ぜ合わせ、**2**を加えて和える。

4 皿に盛り、イタリアンパセリをのせ、パプリカパウダーをふる。

サーモンの豆乳クリームソース

● salmon with soy milk cream sauce ●

SNSに投稿した中で、一番人気があったレシピです。
豆乳を使うので、罪悪感なく食べられます。

●材料●（2人分）

サーモン	2切れ
じゃがいも	2個
にんにく	1かけ
有塩バター	15 g
塩、粗びき黒胡椒	各少々
白ワイン	大さじ3
無調整豆乳	150mℓ
イタリアンパセリ	適量

●作り方●

1 じゃがいもは皮を剥いて 1.5cm幅の輪切りにする。にんにくは半分に切って潰す。イタリアンパセリは刻む。

2 耐熱ボウルにじゃがいもを入れ、500Wの電子レンジで4分加熱する。

3 サーモンは両面に塩、胡椒をふる。

4 フライパンを弱火にかけ、バター、にんにくを入れて香りを出す。

5 じゃがいも、サーモンを加え、中火でサーモンの両面にこんがりと焼き色を付ける。

6 サーモンに火が通ったら一度にんにく、じゃがいも、サーモンを取り出し、白ワインを加えて、フライパンに残った旨味をこそげ取りながらアルコールを飛ばす。

7 アルコールが飛んだら豆乳を加え、弱めの中火でとろみがつくまで10分程煮詰める。

(Point) ゴムベラを使うのがおすすめ。

8 皿にソース、じゃがいも、サーモンの順に盛り、イタリアンパセリをちらす。

メカジキのハーブパン粉焼き

調理時間

25 min

うち焼き時間 15min

— ● Herb breaded swordfish ● —

オーブンにお任せなので、他の料理を準備しながら作れちゃいます。
魚料理に悩んだらぜひ作ってもらいたい一品です。

● 材料 ●（2人分）

メカジキ ──────── 2切れ
有塩バター ────────── 15g
バジル ──────── 10枚程度
パン粉 ─────────── 大さじ 3
塩、粗びき黒胡椒 ────── 各少々
トマトソース ─────────── 150g
クリームチーズ ─────── 大さじ 1

● 事前準備 ●

バターは常温に戻す。
オーブンは 200℃に予熱する。

● 作り方 ●

1 バジルはみじん切りにする。メカジキは両面に塩、
胡椒をふる。

2 ボウルにバター、バジル、パン粉を加え、混ぜ
合わせる。

3 メカジキの上に均等に **2** をのせ、200℃のオー
ブンで15分焼く。

4 小鍋にトマトソースを入れて弱火にかけ、クリー
ムチーズを加えて混ぜ合わせる。

5 皿にソースを注ぎ、**3** をのせる。

Chapter3

魚のおかず

ヒラメのオーブン包み焼き
ハーブバター添え

● oven-baked flounder ●

ハーブバターは作っておくと便利。
魚だけでなく、グリルした肉など、いろいろな料理に使えます。
トーストにつけてもおいしく、冷凍保存も可能です。

●材料● （2人分）

ヒラメ ──────── 2切れ
ミニトマト ─────── 6個
にんにく ─────── 1かけ
塩、粗びき黒胡椒 ─── 各少々

【ハーブバター】
有塩バター ─────── 50g
ディルの葉 ───── 大さじ1
レモン汁 ──── 小さじ½
岩塩(普通の塩でも可)
 ────────── ひとつまみ

●事前準備●

【前日】ハーブバターは前日に
作り、冷蔵庫で冷やし固める。
1 ディルはみじん切りにする。
2 バターは常温に戻し(も
  しくは耐熱容器に入れて
  500Wの電子レンジで
  15秒加熱し)、ディル、
  レモン汁、岩塩と混ぜ合
  わせる。
3 ラップに包んで棒状に成
  形し、冷蔵庫で6時間
  以上冷やす。

【当日】オーブンは200℃に
予熱する。

●作り方●

1 ミニトマトは半分に切り、にんにくは半分に切っ
 て潰す。ヒラメは両面に塩、胡椒をふる。

2 クッキングシートの中央にヒラメ、ミニトマト、
 にんにく、ハーブバター適量を置き、包んで両
 端をねじって留め、200℃のオーブンで20分
 焼く。

3 食べる時に好みでハーブバター適量をのせる。

メカジキのソテー
トマトの冷製ソース添え

● sauteed swordfish with chilled tomato sauce ●

暑い日にもさっぱり食べられるレシピ。
野菜たっぷりのソースでヘルシーです。

● 材料 ●（2人分）

メカジキ ……………………… 2切
塩、粗びき黒胡椒 …… 各適量
にんにく ……………………… 1かけ
ミニトマト …………………… 6個
きゅうり …………………… 1/3 本
オリーブオイル …… 大さじ 1
A｜レモン汁 ………… 小さじ 1
　｜白ワインビネガー
　｜………………… 大さじ 2/3
　｜オリーブオイル
　｜………………… 大さじ 1
　｜塩、粗びき黒胡椒
　｜………………… 各少々
イタリアンパセリ、
バルサミコ酢 ………… 各適量

● 作り方 ●

1 メカジキは両面に塩、胡椒をふる。

2 にんにくは半分に切って包丁で潰し、ミニトマト、きゅうりは 3mm角に切る。イタリアンパセリはみじん切りにする。

3 フライパンにオリーブオイル、にんにくを入れて弱火にかけ、香りが出たらメカジキを入れて中火で焼く。両面に焼き色が付いたら蓋をして2分加熱し、中まで火を通して皿に盛る。

4 ボウルにミニトマト、きゅうり、**A**を入れて混ぜ合わせ、**3** にかける。

5 イタリアンパセリをちらし、バルサミコ酢をかける。

エビフライ

調理時間

20
min

冷凍のエビがあれば簡単に作れます。
みんなが好きな洋食の定番をどうぞ。

● 材 料 ●（2 人分）

冷凍剥きエビ	8 尾
薄力粉	適量
溶き卵	1 個分
パン粉	適量
揚げ油	適量
塩、粗びき黒胡椒	各少々

A｜
マヨネーズ ……… 大さじ 6
スイートチリソース
　　　　　　 …… 大さじ 1
イタリアンパセリ
　　　　　　　 …… 少々
塩 ……………… 少々
粗びき黒胡椒 ……… 少々

● 作 り 方 ●

1 エビは解凍して水気を拭き、背ワタがある場合は取り除く。イタリアンパセリはみじん切りにする。

2 フライパンに揚げ油を入れて火にかけ、180℃（パン粉を落とすと、すぐに音を立てて広がる状態）に熱する。

3 エビに塩、胡椒をふり、薄力粉、溶き卵、パン粉の順に衣をつけ、**2** に入れて揚げる。全体がきつね色になったら網にあげ、油を切る。

4 ボウルに**A**を入れて混ぜ合わせる。

5 皿にエビフライを盛り、**4** を添える。

Column_04

冷凍しておくと便利な食材

我が家の冷凍庫に常備している、あると助かる食材たち。
かしこく保存しておけば、困ることはありません。

冷凍シーフードミックス
frozen seafood mix

冷凍シーフードミックスや冷凍剥きエビがあると、手軽にスープの具材になり、海鮮の出汁も取れるので便利です。スープ以外にもパスタに入れたりアヒージョにしたりと、何かと使えます。

冷凍フルーツ
frozen fruits

冷凍のブルーベリーやラズベリーは、スイーツのソースにも大活躍。また、国産のレモンを購入し、スライスして冷凍しておけば、煮込み料理やグリル料理にもすぐ使えます。

バゲット
baguette

バゲットを購入したら、半分はクラッカーのように薄く切り、残りは3〜4cm幅に切って冷凍しています。薄切りはおつまみのブルスケッタ用として、厚めに切ったものはそのまま食卓に出していただきます。

きのこ類
mushrooms

きのこは切って冷凍しておけば、スープなどにそのまま加えられて便利。エリンギを薄切りにしたり、マッシュルームを4等分にしたりして冷凍することが多いです。

Chapter 4

スープと副菜

soup and side dish

さらっと食べられるものから、
具だくさんでボリューム満点のものまで。
その日の気分に合わせて選んでみて。

温かい季節に向けて、
さらっと食べられる分量で作りました。

新玉ねぎのポタージュ

● spring onion potage ●

● 材料 ●（2人分）

新玉ねぎ	1個
塩	適量
水	100mℓ
コンソメ（顆粒）	小さじ 1/2
牛乳	150mℓ程度
有塩バター	15g
オリーブオイル	適量
粗びき黒胡椒	適量

memo

温めて食べても、冷やして食べて
もおいしい。レモンオイルやト
リュフオイルをかけても。

● 作り方 ●

1 新玉ねぎは薄切りにする。

2 鍋にバターを入れて火にかけ、新玉ねぎ、塩ひ
とつまみを加えて弱めの中火でしんなりするま
で炒める。

3 水、コンソメを加え、10分程煮込む。

4 ハンドブレンダー（もしくはミキサー）で撹拌する。

5 牛乳を加えて好みの濃度に調整し、塩、胡椒で
味を調える。

6 皿に注ぎ、仕上げに胡椒をふり、オリーブオイ
ルをかける。

クルトンをたっぷりのせれば、これだけで食べ応え満点のスープに。
寒くなる季節に食べたいレシピです。

かぼちゃのポタージュ

● pumpkin potage ●

調理時間

30
min

● 材料 ●（2人分）

かぼちゃ	⅟₄ 個
玉ねぎ	⅟₄ 個
有塩バター	15g
塩	ひとつまみ
水	150㎖
コンソメ（顆粒）	小さじ ⅟₂
ローリエ	1 枚
牛乳	100㎖程度
クローブ	少々

クルトン、パルメザンチーズ
（粉チーズ） 適宜
（クルトンのレシピはP30参照）

● 作り方 ●

1 玉ねぎは薄切り、かぼちゃは皮を剥いて 3cm幅の角切りにする。

2 鍋にバターを入れて火にかけ、玉ねぎ、塩を加えてしんなりするまで弱めの中火で炒める。

3 かぼちゃ、水、コンソメ、ローリエを加え、かぼちゃが柔らかくなるまで 15 分程煮る。

4 ハンドブレンダー（もしくはミキサー）で攪拌する。

5 牛乳を加えて好みの濃度に調整し、クローブを 2〜3 ふり入れる。

6 皿に注ぎ、好みでクルトンやパルメザンチーズをのせる。

優しい味のポタージュ。
冷やしてビシソワーズ風にしてもおいしいです。

じゃがいものポタージュ

● potato potage ●

調理時間
30
min

● 材料 ●（2人分）

じゃがいも（大）	3個
玉ねぎ	½個
有塩バター	15g
水	150㎖
コンソメ（顆粒）	小さじ ½
牛乳	100㎖程度
塩、粗びき黒胡椒	各適量
乾燥パセリ	適量
オリーブオイル	適宜

memo
冷やして食べる場合は、食べる
直前にオリーブオイルを回しか
けるのもおすすめ。

● 作り方 ●

1 じゃがいもは皮を剥いて 1.5cm幅に切り、水に浸けてあくを抜く。玉ねぎは薄切りにする。

2 鍋にバターを入れて火にかけ、玉ねぎ、塩を加えてしんなりするまで弱めの中火で炒める。

3 じゃがいも、水、コンソメを加え、じゃがいもが柔らかくなるまで 15 分程煮る。

4 ハンドブレンダー（もしくはミキサー）で攪拌する。

5 牛乳を加えて好みの濃度に調整し、塩、胡椒で味を調える。

6 皿に注ぎ、パセリをちらして好みでオリーブオイルをかける。

大人にも子どもにも大人気のレシピ。
優しい甘さが広がります。

コーンポタージュ

● corn potage ●

調理時間

40
min

● 材料 ●（2人分）

とうもろこし	1本
玉ねぎ	¼ 個
有塩バター	20g
水	100㎖
コンソメ（顆粒）	小さじ ½
牛乳	200㎖程度
クルトン	適量(P30 参照)
乾燥パセリ	適量

● 作り方 ●

1 とうもろこしは包丁で削ぐようにして粒だけを切り落とす。玉ねぎは薄切りにする。

2 鍋にバターを入れて火にかけ、とうもろこしと玉ねぎを入れ、弱めの中火で焦がさないよう注意して炒める。

3 玉ねぎがしんなりしたら水とコンソメを加えて蓋をし、20 分程煮込む。

4 ハンドブレンダー（もしくはミキサー）で撹拌し、牛乳を加えながら混ぜ、好みの濃度に調整する。

5 皿に注ぎ、クルトンをのせ、パセリをちらす。

ポトフ

● pot-au-feu ●

野菜の旨味が溶け出したスープ。
もりもりと野菜を入れて作るのがおすすめです。

● 材料 ●（2人分）

キャベツ ⋯⋯⋯⋯⋯⋯⋯ 1/2 個
ミニトマト ⋯⋯⋯⋯⋯ 8 個程度
玉ねぎ ⋯⋯⋯⋯⋯⋯⋯⋯ 1/2 個
にんにく ⋯⋯⋯⋯⋯⋯ 1 かけ
豚バラかたまり肉 ⋯⋯⋯ 300g
塩、粗びき黒胡椒 ⋯⋯ 各適量
オリーブオイル ⋯⋯⋯⋯ 適量
A｜ コンソメ(顆粒)
　　⋯⋯⋯⋯⋯⋯⋯⋯⋯ 小さじ 1
　 白ワイン ⋯⋯⋯⋯⋯ 100㎖
　 水 ⋯⋯⋯⋯⋯⋯⋯⋯ 400㎖
　 タイム(またはローズマリー)
　　⋯⋯⋯⋯⋯⋯⋯⋯⋯⋯⋯ 適量

● 作り方 ●

1 キャベツはざく切りにし、ミニトマトはへたを取り、玉ねぎはくし形切りにする。にんにくは半分に切って芽を取り除いて潰す。豚肉は 2cm幅に切り、塩、胡椒をふる。

2 無水鍋にオリーブオイルとにんにくを入れて弱火で熱し、香りが出たら豚肉を入れて中火で焼き、全面にこんがりと焼き色を付ける。焼き色が付いたら、一度鍋から肉を取り出す。

3 **2**の鍋にキャベツ、玉ねぎ、ミニトマト、豚肉の順で入れ、**A**を加えて蓋をして中火で40分煮込む。

4 塩、胡椒で味を調え、皿に盛り、胡椒をふる。

memo
好みで粒マスタードを添えてもおいしい。

バゲットのミネストローネ

● minestrone with baguette ●

パンに染み込ませて食べるスープ。
バゲットの表面をカリッと焼くと、さらにおいしくなります。

● 材料 ●（2人分）

ベーコン ──────── 6枚
ズッキーニ ─────── 1本
玉ねぎ ──────── 1個
キャベツ ─────── 1/2個
にんじん ─────── 1/2本
にんにく ─────── 1かけ
塩 ──────── 適量
粗びき黒胡椒 ─────── 適量
オリーブオイル ─────── 適量
トマト缶（カット）
　─────── 1缶（400g）
水 ──────── 400ml
コンソメ（顆粒） ─── 小さじ1
バゲット ──────── 4枚
ピザ用チーズ ─────── 適宜

● 作り方 ●

1 ベーコンは1cm幅に切り、ズッキーニ、玉ねぎ、キャベツ、にんじんは1cm角に切る。にんにくはみじん切りにする。

2 鍋にオリーブオイルとにんにくを入れて火にかけ、香りが出てきたらベーコンを加えて炒める。

3 ズッキーニ、玉ねぎ、にんじんを加えて炒め、全体に油が回ったらキャベツ、塩ひとつまみを加え、蓋をして10分弱火で熱し、野菜から水分を出す。

4 蓋を開けて全体を混ぜ合わせ、トマト缶、水、コンソメを加えて再度蓋をして、弱火で40分煮込む。

5 塩、胡椒で味を調え、バゲットを加えてスープに浸し、スープと一緒に耐熱容器に盛る。

6 お好みでチーズをのせ、トースターで5分程焼き、表面に焼き色を付ける。

シーフードのクリームスープ

● seafood cream soup ●

海鮮と野菜がたっぷりでおいしい。
全体にシーフードの風味をまとわせるのがポイントです。

●材料●（2人分）

冷凍シーフードミックス

　　　　　　　　150g

じゃがいも　　　　　3個

にんじん　　　　　　½個

玉ねぎ　　　　　　　½個

にんにく　　　　　1かけ

ロースハム　　　　　2枚

オリーブオイル　　　適量

白ワイン　　　　大さじ3

有塩バター　　　　　10g

水　　　　　　　　　適量

コンソメ（顆粒）　小さじ1

牛乳　　　　　　250mℓ

タイム　　　　　　　適量

塩、粗びき黒胡椒　各適量

●作り方●

1 シーフードミックスは解凍する。じゃがいも、にんじん、玉ねぎは皮を剥いて1cm角に切り、にんにくはみじん切りにする。ハムは半分に切り、5mm幅の短冊切りにする。

2 鍋にバターとにんにくを入れて火にかけ、香りが出たらハム、玉ねぎ、にんじん、じゃがいもの順に入れて中火で炒める。

3 フライパンにオリーブオイルとシーフードミックスを入れて中火で炒める。

4 **3**に白ワインを加え、香りをシーフードミックスにまとわせながらアルコールを飛ばす。

5 **2**の鍋に**4**を汁ごと加える。

6 ひたひたの水、コンソメ、タイムを加え、弱火で20分煮込む。

7 野菜が柔らかくなったら牛乳を加えて混ぜ合わせ、塩、胡椒で味を調える。器に盛り、タイムをのせる。

野菜たっぷりビーフシチュー

● beef stew ●

調理時間
120
min

うち煮込み時間
85min

具材だけでなく、シチューの中にも
みじん切りにした野菜をたっぷり入れた栄養満点のレシピ。
バゲットと一緒にどうぞ。

084

● 材料 ●（2 人分）

牛薄切り肉	400g
玉ねぎ	1+½ 個
にんじん	1 本
トマト	2 個
じゃがいも	5 個
にんにく	1 かけ
オリーブオイル	適量
塩	適量
粗びき黒胡椒	少々
デミグラスソース缶	1 缶
トマトペースト	大さじ 1
水	120㎖
赤ワイン	100㎖
ケチャップ	大さじ 2
イタリアンパセリ	適量

● 作り方 ●

1 牛肉は一口大に切る。玉ねぎは ½ 個分を薄切り、残り 1 個分をみじん切りにする。にんじんは皮を剥き、⅔ を乱切り、残り ⅓ をみじん切りにする。じゃがいもは皮を剥いて乱切りにし、水に浸けてあくを抜く。にんにくはみじん切りにする。トマトは角切りにする。イタリアンパセリは刻む。

2 無水鍋にオリーブオイルとにんにくを入れて弱火で熱し、香りが出たらみじん切りにした玉ねぎとにんじんを加え、10 分程炒める。

3 トマトと塩ひとつまみを加えて軽く混ぜ、蓋をして 10 分煮込み、野菜から水分を出す。

4 残りの野菜を加え、全体を混ぜながら 10 分程炒める。

5 フライパンにオリーブオイルを熱して牛肉を炒める。色が変わってきたら塩少々と胡椒をふり、**4** の鍋に加える。

6 デミグラス缶、トマトペースト、水、赤ワインを加えて沸騰させる。沸騰したら弱火にし、蓋をして 1 時間煮込む。

7 ケチャップを加え、中火にして水分を飛ばしながら濃度をつけるように 15 分煮る。

8 皿に盛り、イタリアンパセリをちらす。

Column_05

こだわりの本格オイル

料理の仕上げや加熱しない料理に使いたい、少しだけ高価なオイル。
お気に入りのものを１つ持っておくと、かけるだけで風味がぐんとよくなります。
こだわりの自家製オイルもご紹介。

ちょっといい
オリーブオイル
good quality olive oil

加熱調理用のオリーブオイルの他に常備しておきたい
のが、少し高価なオリーブオイル。加熱せずに調理す
る時に使用します。サラダや料理の仕上げ、ドレッシ
ングやマリネ用に、香り高いオリーブオイルがあると
さらにおいしい一皿に仕上がります。特に南イタリア
産のオリーブオイルは、オリーブのつんとした風味が
強く際立っていておすすめです。

レモンオイル
lemon oil

レモンの風味がついたオリーブオイルはドレッシング
やマリネに使用すると、レモンやレモン汁を入れなく
ても爽やかに仕上がります。レモンソースを使った料
理の仕上げに使ったり、こってりとした料理の仕上げ
に使って味を変化させたりしても。

トリュフオイル
truffle oil

ポタージュやきのこを使ったパスタの仕上げに使用す
るとおいしいオイル。香り高いトリュフの風味が味わ
えます。クロックムッシュや目玉焼きの仕上げにかけ
るのもおすすめです。加熱するとトリュフの風味が飛
んでしまうので注意。

にんにくオイル
garlic oil

手作りできる、こだわりオイル。にんにくをみじん切
りにしてオリーブオイルに漬けておけば、にんにくオ
イルの完成です。料理の度ににんにくをみじん切りす
るのは大変なので、私はまとめてにんにくオイルを
作っておくことが多いです。オイルににんにくの風味
がしっかり移り、切る手間も省けて一石二鳥。密閉容
器に入れ、冷蔵庫で３週間程保存可能です。

Chapter 5

おつまみ

snack

おつまみにぴったりな
4品をご紹介。
さっと出せば喜ばれること間違いなし。
お酒が進む味です。

おつまみに出すと喜ばれること間違いなしのレシピ。
バゲットと生ハムと一緒に食べるとおいしいです。

ガーリッククリームチーズ

• garlic cream cheese •

調理時間

5
min

•材料•（2人分）

クリームチーズ ┈┈┈┈ 100g
にんにく

┈┈┈┈┈┈┈┈ 1かけ
（チューブの場合は小さじ1）
ディル ┈┈┈┈┈┈ 大さじ1
塩、粗びき黒胡椒 ┈┈┈ 各少々
オリーブオイル ┈┈ 大さじ½

•事前準備•

クリームチーズは常温に戻す。

•作り方•

1 にんにくはすりおろし、ディルはみじん切りにする。

2 ボウルにすべての材料を入れ、混ぜ合わせる。

ラムレーズンの風味がチーズに広がり、お酒が進む。
ナッツの歯応えも最高です！

ラムレーズンとナッツのクリームチーズ

● rum raisin and nut cream cheese ●

調理時間

125
min

うち冷蔵時間
120min

● 材料 ●
(7×19×高さ8〜9cmのパウンド型)

クリームチーズ ‥‥‥‥ 200g
アーモンド(無塩) ‥‥‥ 40g
ラムレーズン ‥‥‥‥‥‥ 40g
白ワイン ‥‥‥‥‥‥ 大さじ1

● 事前準備 ●

クリームチーズは常温に戻す。

● 作り方 ●

1 アーモンドは細かく砕く。

2 ボウルにすべての材料を入れてよく混ぜ合わせ、
ラップを敷いた型に入れ、冷蔵庫で2時間以上
寝かせる。

3 1cm幅に切り、皿に盛る。

memo

型がない場合はラップで包んで棒
状にして固めてもOK。輪切りにす
ると見た目も可愛く仕上がります。

トマトの酸味が白ワインビネガーと合い、何枚でもいけちゃいます。
市販のバジルソースをかけるとさらにおいしい!

トマトとパプリカのブルスケッタ

● tomato and paprika bruschetta ●

調理時間

10 min

● 材料 ●（2人分）

トマト ──────── 2個
パプリカ（黄）──────── 1個
白ワインビネガー
　　　　──────── 大さじ1
オリーブオイル ──── 大さじ1
塩、粗びき黒胡椒 ──── 各少々
バジル ──────── 8枚
バゲット（薄切り）──── 4枚

● 作り方 ●

1 トマトは1cm角に切る。パプリカは全体を炙って皮を剥き、1cm角に切る。

2 ボウルにバジルとバゲット以外のすべての材料を入れ、混ぜ合わせる。

3 バゲットをトースターで3〜4分焼いて皿にのせ、**2**を等分に盛り付ける。バジルをのせ、胡椒適量（分量外）をふる。

あと一品という時に簡単に作れて便利。
バゲットにつけてどうぞ。

マッシュルームとタコのアヒージョ

— • mushroom and octopus ajillo • —

調理時間

15 min

•材料•（2人分）

ミニトマト	4個
マッシュルーム	4個
茹でダコ	60g程度
にんにく	1かけ
オリーブオイル	適量
塩、粗びき黒胡椒	各少々
赤唐辛子	1本
パセリ	適量

•作り方•

1 マッシュルームは石づきを切り落として4等分にする。茹でダコは一口大に切る。にんにくは半分に切って潰す。パセリはみじん切りにする。

2 鍋にオリーブオイル、にんにく、赤唐辛子を入れて火にかける。香りが出てきたらミニトマト、マッシュルーム、茹でダコを加え、塩、胡椒で味を調えて5分程加熱する。

3 仕上げにパセリをちらす。

Column_06

日持ちする食材ですぐ作れる
おつまみブルスケッタ

ドライトマトやオイルサーディン、ナッツなど、保存期間の長い食材で作る即席ブルスケッタ。
おつまみがほしい時や、簡単にもう一品ほしい時に役立つはず。
分量はすべてバゲットスライス4枚分になっているので、お好みで調整してください。

カッテージチーズと
ドライトマトの
ブルスケッタ

bruschetta with cottage cheese
and dried tomatoes

ドライトマトはパスタや煮込み料理、ドレッシング等に加えると深みが増すのはもちろん、そのままバゲットにのせてもとてもおいしい。カッテージチーズとの相性も◎。

•作り方•

薄切りにしたバゲット4枚にカッテージチーズを大さじ2杯ずつのせる。みじん切りにしたドライトマトを3粒分ずつのせ、刻んだイタリアンパセリをちらす。

クリームチーズとナッツ、
レーズンの
ブルスケッタ

bruschetta with
cream cheese, nuts and raisins

贅沢にたくさんのせて、おいしいブルスケッタに。お好みではちみつやシナモン、クローブをかけてどうぞ。

•作り方•

ボウルに常温に戻したクリームチーズ100g、砕いたミックスナッツ40g、レーズン大さじ1を入れて混ぜ、バゲット4枚に等分にのせる。はちみつをかけ、シナモンかクローブをふる。

ミニトマトとオイルサーディンの
ブルスケッタ

bruschetta with
cherry tomatoes and
oil sardine

爽やかなミニトマトは、コクのあるオイルサーディンと相性抜群。香ばしい風味を加えたいなら、パプリカパウダーをふるのもおすすめ。

•作り方•

ミニトマト8個を半分に切りボウルに入れ、食べやすく切ったオイルサーディン1缶を加えて混ぜる。バゲット4枚に等分にのせ、塩、胡椒をふる。

モッツァレラチーズと
生ハムのブルスケッタ

bruschetta with
mozzarella cheese and
prosciutto

言うまでもなく相性ぴったりな組み合わせ。モッツァレラは手で裂いてのせるとさらに舌触りがよくなり、オイルとの絡みもよくなります。

•作り方•

バゲット4枚に手で裂いたモッツァレラチーズ1個分、生ハム4枚を等分にのせ、オリーブオイルをかけ、胡椒をふる。

Chapter 6

麺とごはん

noodles and rice

パスタにリゾットにカレー。
人気の洋食メニューを自宅でどうぞ。
満足感の高いラインナップです。

シーフードのペペロンチーノ

— seafood peperoncino —

調理時間
20
min

魚介とにんにくの風味がよく合う！
自宅にある材料で簡単に作れます。

●材料● （2人分）

パスタ（スパゲッティ）
―――――― 180g
冷凍シーフードミックス
―――――― 150g
ミニトマト ―――――― 10個
玉ねぎ ―――――― 1/2個
にんにく ―――――― 1かけ
白ワイン ―――――― 大さじ4
オリーブオイル ――― 大さじ4
塩、粗びき黒胡椒 ――― 各適量
オリーブオイル（仕上げ用）
―――――― 大さじ1
乾燥パセリ ―――――― 少々

●作り方●

1 シーフードミックスは解凍し、水気を切る。ミニトマトは半分に切る。玉ねぎ、にんにくはみじん切りにする。

2 フライパンにオリーブオイルとにんにくを入れて弱火にかけ、香りが出たら玉ねぎを加えて中火にし、しんなりするまで炒める。

3 にんにくと玉ねぎを片側に寄せ、空いたところにシーフードミックスを入れ、中火で焼き色をつける。

4 全体を混ぜ合わせて塩少々、胡椒少々をふり、白ワインを加えてアルコールを飛ばす。

5 ミニトマトを加え、蓋をして3分加熱する。その間に鍋に湯を沸かし、湯の量の1%量の塩（分量外）を加え、パスタを袋の表示時間通りに茹でる。

6 **5**のフライパンにパスタの茹で汁をお玉1杯分加え、しっかり混ぜ合わせて乳化させる。

7 茹で上がったパスタと仕上げ用オリーブオイルを加え、塩、胡椒で味を調える。

8 皿に盛り、パセリをちらす。

レモンパスタ

調理時間

20
min

濃厚なのにレモンの酸味が効いて、最後の一口までさっぱりおいしい。
友人が遊びに来てくれた時のランチに欠かせない、主役パスタです。

●材料●（2人分）

パスタ（フェットチーネ）
　　　　　　　────── 180g
有塩バター ────────── 15g
牛乳 ───────────── 100㎖
生クリーム ──────── 100㎖
レモン汁 ──────── 大さじ 2
パルメザンチーズ（粉チーズ）
　　　　　　　────── 大さじ 1
カシューナッツ（無塩）
　　　　　　　────── 8個程度
レモン（国産・スライス）
　　　　　　　─────── 4枚
塩、粗びき黒胡椒 ──── 各少々
オリーブオイル ─────── 適量

●作り方●

1 カシューナッツはみじん切りにし、トッピング
　　用に少しよけておく。

2 フライパンにバターを入れて弱火にかけ、牛乳
　　と生クリームを加えてゴムベラで混ぜながら温
　　める。

3 鍋に湯を沸かし、湯の量の1%量の塩（分量外）
　　を加え、パスタを袋の表示時間通りに茹でる。

4 **2**にとろみがついてきたら、レモン汁、カシュー
　　ナッツ、パルメザンチーズ、塩、胡椒を加える。

5 茹で上がったパスタを加えて全体を混ぜ合わせ、
　　皿に盛ってトッピング用のカシューナッツとレ
　　モンをのせ、オリーブオイルを回しかける。

オイルベースのたらこパスタ

● cod roe pasta ●

驚くほど簡単でおいしいので、忙しい日にもささっと作れて嬉しい。
食卓に出すと喜ばれる、幸せな味です。

●材料● （2人分）

パスタ（スパゲッティ）
―――――――― 180g
たらこ ―――――――― 60g
オリーブオイル ―― 大さじ5
有塩バター ――――― 10g
ディル ――――――― 適量
粗びき黒胡椒―――― 適量

● 作 り 方 ●

1 鍋に湯を沸かし、湯の量の1%量の塩(分量外)を加え、パスタを袋の表示時間通りに茹でる。

2 たらこは皮を剥き、ほぐしてボウルに入れ、オリーブオイル、胡椒少々を加えて混ぜ合わせる。

3 茹で上がったパスタとバターを**2**のボウルに加え、和える。

4 皿に盛り、刻んだディルをちらし、胡椒をふる。

memo
ディルは魚介類と相性のいいハーブなので、たらことも合います。爽やかな仕上がりになります。

マッシュルームとベーコンの
クリームパスタ

● creamy pasta with mushrooms and bacon ●

ザ・クリーム系パスタといえばこのレシピ。
自分へのご褒美に、罪悪感を忘れてどうぞ。

●材料● （2人分）

パスタ（リガトーニ）……… 180g
マッシュルーム ……………… 5 個
にんにく …………………… 1 かけ
ベーコン（またはパンチェッタ）
………………………… 30g程度
オリーブオイル ……… 大さじ 1
有塩バター …………………… 5g
白ワイン …………………… 大さじ 2
水 ………………………… 50㎖
コンソメ（顆粒）……… 小さじ ½
生クリーム ………………… 200㎖
塩、粗びき黒胡椒 ……… 各適量
パルメザンチーズ（粉チーズ）
……………………… 大さじ 1

● 作 り 方 ●

1 マッシュルーム、にんにくは薄切りにし、ベーコンは 1cm幅に切る。

2 フライパンにオリーブオイル、バター、にんにくを入れて弱火にかけ、香りが出たらベーコン、マッシュルームを加えて弱めの中火にし、こんがり焼き色を付け、塩少々、胡椒少々をふる。

3 白ワインを加え、強火にしてアルコールを飛ばす。

4 弱火にし、水、コンソメ、生クリームを加え、混ぜながらとろみがつくまで煮詰める。

5 鍋に湯を沸かし、湯の量の 1%量の塩（分量外）を加え、パスタを袋の表示時間通りに茹でる。

6 茹で上がったパスタをフライパンに加えて、パルメザンチーズ、塩少々、胡椒少々をふり、混ぜる。

7 皿に盛り、さらにパルメザンチーズ適量（分量外）と胡椒少々をふる。

Chapter 6

麺とごはん

トマトのリゾット

● tomato risotto ●

野菜もたくさん摂れる贅沢リゾット。
具だくさんで満足度が高いレシピです。

● 材料 ●（2 人分）

トマト缶(カット)	150g
鶏むね肉	150g
ズッキーニ	1/3 本
エリンギ	4 本
コンソメ(顆粒)	小さじ 1
水	700㎖
塩、粗びき黒胡椒	各少々
にんにく	1 かけ
バジル	3 枚
米	120g
オリーブオイル	適量
パルメザンチーズ(粉チーズ)	適量

● 作り方 ●

1 ズッキーニ、エリンギは 1cm角に切り、鶏肉は一口大に切る。にんにくは潰す。バジルはみじん切りにする。

2 鍋に水、コンソメを入れて火にかけ、沸騰させてコンソメスープを作る。

3 フライパンにオリーブオイルを入れて火にかけ、米を加えて炒める。米が熱くなったら **2** をひたひたに加え、弱火で 12 分、混ぜずに煮る。途中でスープが少なくなってきたら、その都度 **2** をひたひたに加え、混ぜずに鍋をゆすってならす。

Point 混ぜると粘り気が強いリゾットになってしまうので注意。

4 トマト缶を加え、さらに 5 分煮る。

5 別のフライパンにオリーブオイルとにんにくを入れて弱火にかけ、香りが出たら鶏肉、ズッキーニ、エリンギを加えて中火でこんがり炒め、塩、胡椒をふる。

6 **4** のフライパンに **5** とバジルを加え、全体を混ぜ合わせる。

7 皿に盛り、オリーブオイル、パルメザンチーズをかける。

memo
余ったトマト缶は保存容器に入れ、冷蔵庫で 2 日間保存可能です。

チキンのドライカレー

調理時間
35
min
うち焼き時間
20min

● chicken dry curry ●

蓋を開けた瞬間、幸せな気持ちになるレシピ。
オーブンにお任せで、おいしいドライカレーが作れます。

●材料● （2人分）

手羽元 ―――――― 6〜9本
カレー粉 ――――― 大さじ2
塩、粗びき黒胡椒 ―― 各少々
米 ――――――――― 1合
玉ねぎ ――――――― 1/2個
にんにく ―――――― 1かけ
ローリエ ―――――― 1枚
コンソメ（顆粒） ―― 小さじ1
水 ――――――――― 220㎖
オリーブオイル ――― 適量

●事前準備●

オーブンは180℃に予熱する。

●作り方●

1 手羽元に塩、胡椒をふり、カレー粉を揉み込む。玉ねぎ、にんにくはみじん切りにする。

2 小鍋に水とコンソメを入れて火にかけ、沸騰させてコンソメスープを作る。

3 別の鍋（オーブン可のもの）にオリーブオイルを入れて火にかけ、手羽元を入れて表面にこんがりと焼き色を付ける（この時点では中まで火を通さなくてOK）。焼き色が付いたら一度取り出し、鍋に焦げ目が付いた場合はキッチンペーパーで拭き取る。

4 **3**の鍋に油がなくなっていたらオリーブオイルを足し、にんにくを熱して香りが出たら玉ねぎを加え、しんなりするまで炒める。

5 さっと洗った米を加えて弱火で炒め、米が熱くなったら**2**のスープを加える。

6 手羽元を上に敷き詰め、ローリエをのせる。

7 180℃のオーブンで20分加熱する。オーブンがない場合は弱火で加熱し、沸騰したら蓋をして20分弱火で加熱、その後蓋を開けて5分加熱する。

チキンとトマトの
本格煮込みカレー

● stewed chicken and tomato curry ●

野菜の旨味たっぷりの濃厚カレー。
おかわりが止まらない、食欲そそる味です。

●材料● （2人分）

手羽元 ──────── 6本
ヨーグルト（無糖）──── 150g
塩、粗びき黒胡椒 ── 各少々
オリーブオイル ── 大さじ2
有塩バター ──────── 10g
にんにく ──────── 1かけ
玉ねぎ ──────────── 1個
にんじん ────────── ½個
トマト ──────────── 3個
コンソメ（顆粒）── 小さじ1
トマトペースト ── 大さじ1
カレー粉 ──────── 大さじ2
生クリーム
　　　──── 大さじ2(好みで)
温かいごはん ────── 2杯分
イタリアンパセリ ──── 適量
パルメザンチーズ(粉チーズ)
　────────────── 適量

●作り方●

1 バットに手羽元を置いて塩、胡椒をふり、ヨーグルトに15分以上漬ける。にんにく、玉ねぎ、にんじん、イタリアンパセリはみじん切り、トマトは角切りにする。

2 鍋にオリーブオイル、バター、にんにくを入れて火にかけ、香りが出たら玉ねぎ、にんじん、塩ひとつまみ(分量外)を加えて10分程炒める。玉ねぎがしんなりしたら蓋をして弱火にし、15分加熱する。

3 トマトを加えて全体を混ぜ合わせ、再度蓋をして弱火で30分加熱する。

4 カレー粉を加えて混ぜ合わせ、蓋をしてさらに10分弱火で煮込む。

5 手羽元、コンソメ、トマトペーストを加えて混ぜ合わせ、再度蓋をして20分煮込む。

6 好みで胡椒(分量外)、バター(分量外)、生クリームを加える。

7 皿にごはんを盛り、**6**をかけ、イタリアンパセリ、チーズをちらす。

memo
煮込む過程で野菜から出る水分で作るカレーなので、無水鍋を使うのがおすすめです。無水鍋を使用しない場合は、作り方2で蓋をして煮込む際に水100mlを追加してください。

Column_07

ホワイトソース ＆ ミートソース

ホワイトソースとミートソースは、スパゲッティに絡めたり、
ライスにかけてドリアにしたりと、いろんなレシピにアレンジ可能。
作り置きもできるので、ぜひ様々なレシピに挑戦してみて。

ホワイトソース

●材料● （出来上がり250ｇ）

有塩バター	20g
薄力粉	20g
牛乳	400mℓ

●作り方●

1 フライパンを弱火にかけ、バターを入れて溶かす。すべて溶けたら薄力粉を一気に加える。

2 ダマにならないように混ぜ、牛乳を少しずつ加えて、その都度よく混ぜる。全体がなめらかになったら火を止める。

(Point) ゴムベラを使うとダマになりにくい。

保存方法　すぐに使わない分は、密閉容器に入れ、粗熱が取れたら冷蔵庫に入れて3日以内に使う。冷凍する場合は粗熱が取れてから保存用袋に入れ、密閉して1ヶ月以内に使う。

ミートソース

meat sauce

●材料● （出来上がり 790 g）

合い挽き肉	250g
玉ねぎ	1個
にんじん	½本
エリンギ	3本
にんにく	1かけ
赤ワイン	大さじ2
トマト缶(カット)	200g
水	200g
コンソメ（顆粒）	小さじ1+½
塩、粗びき黒胡椒	各少々
オリーブオイル	大さじ2
タイム	1枝

●作り方●

1 玉ねぎ、にんじん、エリンギ、にんにくは
  みじん切りにする。

2 鍋を弱火にかけ、オリーブオイル大さじ1
  とにんにくを入れる。にんにくの香りが出
  たら玉ねぎ、にんじん、エリンギを加えて
  中火にし、具材がしんなりするまで炒める。

3 フライパンを中火にかけてオリーブオイル大さじ1を
  入れ、フライパンが熱くなったら合い挽き肉を入れて
  押さえながら焼き、焼き色を付ける。余分な脂が出て
  きたらキッチンペーパーで拭き取る。

  Point　しっかり焼き色を付けると、食べ応えのある仕上が
  りになる。

4 3に塩、胡椒、赤ワインを加え、アルコールを飛ばし
  たら2の鍋に加える。

5 トマト缶、水、コンソメを加えて混ぜ合わせ、タイム
  を入れて蓋をして35分弱火で煮込む。

  Point　タイムが加わると香りが付き、お店のような本格的
  なミートソースに仕上がる。

6 中火にして混ぜながら5分程煮て、水分を飛ばす。タ
  イムを取り出す。

保存方法

すぐに使わない分は、密
閉容器に入れ、粗熱が取
れたら冷蔵庫に入れて4
日以内に使う。冷凍する
場合は粗熱が取れてから
保存用袋に入れ、密閉し
て3週間以内に使う。

Column_08

ミートソースとホワイトソースの
アレンジレシピ

ミートソース＆ホワイトソースを活用

ラザニア   lasagna

● 材料 ●（2人分）

ミートソース	250g
ホワイトソース	150g
乾燥ラザニア	4～5枚
ピザ用チーズ	適量
乾燥パセリ	適量

● 事前準備 ●

オーブンは180℃に予熱
する。

● 作り方 ●

1 耐熱容器にミートソース➡ホワイトソース➡ラ
ザニア➡ミートソース……の順に重ね、最後
はホワイトソースで終える。

2 チーズをのせ、180℃のオーブンで25分焼く。

3 切り分けて皿に盛り、パセリをちらす。

グラタン

gratin

・材料・（2人分）

冷凍シーフードミックス
.... 150g
ホワイトソース 160g
マカロニ 90g
玉ねぎ .... 1/2 個
有塩バター 20g
白ワイン .... 大さじ 2
塩、粗びき黒胡椒
.... 各少々
ピザ用チーズ .... 適量
乾燥パセリ .... 適量

・事前準備・

シーフードミックスは解凍
する。

・作り方・

1 玉ねぎはみじん切りにする。

2 フライパンにバターを入れて火にかけ、玉ねぎを
入れて炒め、しんなりしたらシーフードミックス
を加えて中火で焦げ付かないよう炒める。

3 シーフードミックスに火が通ったら白ワインを加
え、アルコールを飛ばし、塩、胡椒をふる。

4 鍋に湯を沸かし、マカロニを袋の表示時間通りに茹
でる。

5 3 のフライパンにホワイトソース、4 のマカロニ
を加えて混ぜ、耐熱皿に入れてチーズをのせる。

6 トースターでチーズが溶けるまで 5 分程焼く。焼
き上がったらパセリをちらす。

<table>
<tr><td>

ホワイトソースを活用

</td><td>

ミートソース＆
ホワイトソースを活用

</td></tr>
</table>

クロックムッシュ

croque-monsieur

•材料•（2人分）

食パン（6枚切り）	2枚
ホワイトソース	30g
ロースハム	2枚
ピザ用チーズ	適量
乾燥パセリ	適量
粗びき黒胡椒	適量
トリュフソルト	適量

•作り方•

1 食パンにロースハム、ホワイトソース、チーズを順に等分にのせ、トースターでチーズが溶けるまで7～8分焼く。

2 仕上げにパセリ、胡椒、トリュフソルトをふる。

ミートソースドリア

doria with meat sauce

•材料•（2人分）

ごはん	茶碗1.5杯分
ケチャップ	大さじ2
ミートソース	120g
ホワイトソース	60g
ピザ用チーズ	適量
塩、粗びき黒胡椒	各少々
オリーブオイル	大さじ1

•作り方•

1 フライパンにオリーブオイルを熱し、ごはん、ケチャップ、塩、胡椒を入れて炒める。

2 耐熱皿に入れ、ホワイトソース、ミートソース、チーズを順にのせ、トースターでチーズが溶けるまで7～8分焼く。

Chapter 7

デザート

dessert

食後にあると嬉しいデザート。
冷たいものから
焼き菓子までご紹介します。
おやつにもぴったり。

チェリータルト

● cherry tart ●

調理時間

130
min

うち冷蔵時間
60min

型を使わず、手軽に作れるタルト。
ブルーベリーやラズベリージャムでもおいしく作れます。

● 材料 ●（直径 24cm 程）

【タルト生地】

無塩バター	60g
強力粉	125g
砂糖	45g
塩	ひとつまみ
溶き卵	30g

【アーモンドダマンド】

無塩バター	30g
砂糖	30g
溶き卵	20g
アーモンドパウダー	30g

チェリー缶	1缶
溶き卵	適量
粉砂糖	適量

● 事前準備 ●

バターは常温に戻す。
オーブンは 180℃に予熱する。

● 作り方 ●

1 【タルト生地を作る】ボウルにバター、砂糖、塩を入れ、泡だて器で白っぽくなるまで混ぜる。

2 溶き卵を2〜3回に分けて加え、その都度泡だて器で乳化するまでしっかり混ぜる。

3 強力粉をふるいながら一気に加え、ゴムベラで切るように混ぜてひとまとめにする。

4 粉っぽさがなくなったら丸めてラップで包み、冷蔵庫で1時間寝かせる。

5 【アーモンドダマンドを作る】ボウルにバター、砂糖を入れ、泡だて器で白っぽくなるまで混ぜる。溶き卵を2〜3回に分けて加え、その都度乳化するまでよく混ぜる。アーモンドパウダーを加え、ゴムベラで混ぜ合わせる。

6 4の生地を天板に敷いたクッキングシートの上にのせて、直径30cm程に伸ばす。中央にアーモンドダマンド、チェリーをのせ、ふちを折り込み、ふちに溶き卵を塗る。

Point クッキングシートごと生地を持ち上げると、きれいに折り込める。

7 180℃のオーブンで25分焼き、粗熱が取れたら粉砂糖をふる。

固めプリン

調理時間
270
min

うち冷蔵時間
180min

食後に冷たいデザートがあると、幸せな気持ちになれる。
夜のご褒美に、ぜひどうぞ。

● 材料 ●

（7×19×高さ8～9cmのパウンド型
1台分）

卵	1個
卵黄	3個分
牛乳	220mℓ
てんさい糖	40g
バニラエクストラクト	大さじ 1
グラニュー糖	40g
水	大さじ 1
熱湯	大さじ 2

● 事前準備 ●

蒸し器に水を入れて火にかけ、
蒸気を立てる。

● 作り方 ●

1 鍋にグラニュー糖と水を入れて火にかけ、全体
が茶色く色づくまで触らずに加熱する。

> (Point) 色ムラができた場合は鍋をゆすって混ぜる。

2 茶色くなったら熱湯を加え、鍋を傾けながら全
体を混ぜ合わせる。素早く型に入れ、冷蔵庫で
冷やしておく。

> (Point) 湯を加える時に大きな音がして
> 跳ねることがあるので注意。

3 別の鍋に牛乳、てんさい糖を入れて弱火にかけ、
てんさい糖が溶けたら火を止め5分程冷まして
おく。

4 ボウルに卵と卵黄を入れ、泡だて器でコシを切
るように混ぜ合わせる。

5 **4**のボウルに粗熱を取った**3**を3回に分けて加
え、その都度しっかり混ぜ合わせる。

> (Point) 牛乳が熱々の状態だと
> 卵に火が通ってしまうので注意。

6 **5**を茶こしでこしながら別のボウルに入れ、バ
ニラエクストラクトを加えて混ぜ合わせ、**2**の
型に注ぐ。

7 蒸気の立った蒸し器に入れ、弱火で40分加熱
する。40分経ったら火を止め、余熱で10分置
く。

> (Point) 蒸し器がなければ
> フライパンやオーブンで湯煎焼きしても。

8 粗熱が取れたら冷蔵庫に入れ、3時間以上冷やす。
底を熱湯で温めてカラメルを溶かし、皿を被せ
て裏返し、型から外す。

ココアのビスコッティ

● cocoa biscotti ●

調理時間

90
min

うち焼き時間
55min

香ばしくて食べ応えがあり、ついつい手が伸びてしまう。
甘すぎず、重たすぎず、小腹が空いた時にぴったりなお菓子です。

● 材料 ●（4人分）

薄力粉 ························· 110g
アーモンドパウダー ········ 20g
ベーキングパウダー
 ···························· 小さじ ½
ココアパウダー ············· 10g
アーモンド（無塩）········· 50g
ドライクランベリー ········· 30g
卵 ···································· 1個
グラニュー糖 ················· 60g

● 事前準備 ●

オーブンは170℃に予熱する。

● 作 り 方 ●

1 ボウルにグラニュー糖と卵を入れ、泡だて器で混ぜ合わせる。

2 薄力粉、アーモンドパウダー、ベーキングパウダー、ココアパウダーを合わせてふるい入れる。

3 ゴムベラで粉っぽさがなくなるまで混ぜ合わせ、アーモンド、ドライクランベリーを加え、手でこねてひとまとめにする。

4 天板に敷いたクッキングシートの上にのせて、2〜3cm厚さの小判形に成形し、170℃のオーブンで30分焼く。

5 焼き上がったら15分程粗熱を取り、1cm幅に切って、断面を上にして再度170℃のオーブンで25分焼く。

チョコバナナパウンドケーキ

— ● chocolate banana pound cake ● —

バナナの優しい甘味で幸せな気持ちになれるケーキ。
温めても冷やしてもおいしいデザートです。

• 材料 •

(7×19×高さ8～9cmのパウンド型
1台分)

無塩バター	90g
グラニュー糖	60g
塩	ひとつまみ
卵	1個
卵黄	1個分
バナナ	2本
板チョコレート(ミルク)	50g
薄力粉	100g
アーモンドパウダー	50g
ベーキングパウダー	小さじ1

• 事前準備 •

バターは常温に戻す。
オーブンは180℃に予熱する。
ボウルに卵と卵黄を入れて混
ぜ合わせ、卵液を作る。

• 作り方 •

1 バナナは1本をフォークで少し形が残るくらい
に潰し、もう1本を輪切りにする。チョコレー
トは刻む。

2 ボウルにバター、グラニュー糖、塩を入れ、ハ
ンドミキサー(または泡だて器)で白っぽくなる
まで混ぜ合わせる。

3 卵液を3回に分けて加え、その都度乳化するま
で高速でしっかり混ぜ合わせる。

4 潰したバナナとチョコレートを加え、ゴムベラ
で混ぜ合わせる。

5 薄力粉、アーモンドパウダー、ベーキングパウ
ダーをふるいながら一気に加え、ゴムベラで切
るように粉っぽさがなくなるまで混ぜ合わせる。

6 クッキングシートを敷いた型に流し込み、180℃
のオーブンで45分焼く。10分経ったタイミン
グで生地の真ん中
に切り込みを入れ、
さらに10分経っ
たタイミングで輪
切りにしたバナナ
を上に盛り付け、
残りの時間分焼く。

Point 途中で焦げそうな場合は、
上にアルミホイルを被せる。

焦がしバターのスイートポテト

調理時間

40
min

バターをこんがりさせて、香ばしい風味を加えるのがポイント。
熱々のスイートポテトに冷たいバニラアイスを添えて食べるのがおすすめです。

● 材料 ●（4 人分）

さつまいも	500g程度
はちみつ	大さじ 2
砂糖	40g
無塩バター	40g
牛乳	大さじ 1
溶き卵	適量
はちみつ、シナモンパウダー	適宜

● 作り方 ●

1 さつまいもは皮を剥いて適当な大きさに切り、5分程水にさらしてあく抜きをする。

2 鍋にたっぷりの湯を沸かしてさつまいもを入れ、竹串がすっと入る柔らかさになるまで茹でる。

3 茹で上がったら湯を捨てて水気を飛ばし、熱いうちに鍋の中でマッシャーで潰す。

4 別の鍋を弱火にかけ、バターを入れて、溶けて茶色っぽくなるまでじっくり加熱する。

5 **3** の鍋に**4**、はちみつ、砂糖、牛乳を加え、混ぜてひとまとめにし、好みの形に成形する。

6 表面に溶き卵を塗り、トースターで焦げ目がつくまで5分程焼く。

7 皿に盛り、好みではちみつ、シナモンパウダーをかける。

パンナコッタ

食後にあるととても嬉しいデザート。
簡単なので、余った生クリームがある時に、ささっと作りたいレシピです。

● 材料 ●
（容量100mℓのグラス4個分）

【パンナコッタ】
生クリーム ………………… 100mℓ
牛乳 ……………………… 200mℓ
砂糖 ………………………… 40g
粉ゼラチン ………………… 5g
水 ……………………… 大さじ 2
バニラエクストラクト
……………………… 小さじ 1

【ストロベリーソース】
冷凍いちご ………………… 180g
砂糖 ………………………… 18g
水 ……………………… 大さじ 2

● 事前準備 ●

【パンナコッタ】小さめの耐熱
容器に水を入れ、粉ゼラチン
を均等に振り入れて 10 分程
置き、ふやかす。
※使用するゼラチンに記載の
　使用方法に準じてください。

● 作り方 ●

1 【パンナコッタを作る】ふやかしたゼラチンを
500Wの電子レンジで 20 秒温め、液体状にする。

2 鍋に生クリーム、牛乳、砂糖を入れて弱火にかけ、
砂糖が溶けるまで加熱する。

(Point) 沸騰はさせないこと。

3 砂糖が溶けたら火を止めて粗熱を取り、バニラ
エクストラクト、**1** を加え、茶こしでこしなが
らグラスに等分に入れる。

4 バットに氷水を張り、グラスを置いて、冷蔵庫
で 3 時間以上冷やす。

5 【ストロベリーソースを作る】鍋に冷凍いちご、
砂糖を入れて混ぜ合わせ、10 分程置く。

6 **5** を火にかけ、いちごを潰しなら煮込み、とろ
みがついてきたら水を加えて好みの濃度に煮詰
める。

(Point) 裏ごしする、果肉感を残すなど、好みで調整する。

7 冷蔵庫から取り出した **4** に、冷ました **6** をかける。

ぽてっとした形が可愛いクッキー。
コーヒータイムのおともにぜひ。

オートミールのピーナッツバタークッキー

• oatmeal peanut butter cookie •

• 材料 •（4人分）

無塩バター	50g
メープルシロップ	20g
砂糖	30g
塩	ひとつまみ
薄力粉	80g
ベーキングパウダー	小さじ 1/2
ピーナッツバター	35g
オートミール（インスタントタイプ）	45g

• 事前準備 •

バターは耐熱容器に入れ、500Wの
電子レンジで 30 秒加熱し溶かす。
オーブンは 170℃に予熱する。

• 作り方 •

1　バター、メープルシロップ、砂糖、塩
をボウルに入れ、混ぜ合わせる。

2　薄力粉とベーキングパウダーをふるい
ながら加え、ゴムベラで切るようにし
て均一になるまで混ぜ合わせる。

3　ピーナッツバターを加えて混ぜ合わせ
る。

4　オートミールを加えて混ぜ合わせる。

5　生地を直径3cm程度の団子状に丸めて
天板に並べ、1cm厚さに潰す。170℃の
オーブンで 20 分焼く。

Chapter 8

特別な日

special day

ピクニックにハロウィン、
クリスマス、バレンタイン。
特別なシーンに作りたい料理を集めました。
もちろん日常でも。

BLT サンド

● BLT sandwich ●

パンに塗った
ガーリックマヨネーズが、
おいしさをさらに
引き立ててくれます。

● 材料 ● （2人分）

食パン（6枚切り）	4枚
ベーコン	6枚
レタス	6枚程度
トマト	1個
マヨネーズ	大さじ6
粒マスタード	小さじ1
にんにく	1かけ
ディル	1本
塩	少々
粗びき黒胡椒	少々

● 作り方 ●

1 にんにくはすりおろし、ディルはみじん切りにする。トマトは6等分にスライスする。

2 ボウルにマヨネーズ、にんにく、ディル、塩、胡椒、粒マスタードを入れ、混ぜ合わせる。

3 食パンはトースターで3~4分焼いて、焼き色をつける。

4 フライパンを火にかけ、ベーコンの両面をカリッとするまで焼く。

5 食パン2枚の片面に**2**を塗り、それぞれレタス、トマト、ベーコンの順に半量ずつ重ね、上から残りの食パンをのせて半分に切る。

たまごサンド

• egg sandwich •

調理時間
25
min

トリュフソルトや
トリュフオイルを入れると
一気に贅沢な
たまごサンドになります。

• 材料 •（2人分）

食パン（6枚切り）――――― 4枚
卵 ――――――――――――― 4個
A｜砂糖 ―――――― 小さじ ½
　｜マヨネーズ ――― 大さじ 6
　｜塩 ――――――――― 少々
　｜粗びき黒胡椒 ――――― 少々
　｜トリュフオイル
　｜　　　　―――― 小さじ ½
　｜（牛乳小さじ ½ でも可）
トリュフソルト ― ひとつまみ
粗びき黒胡椒 ――――――― 適量

• 作り方 •

1 鍋に湯を沸かし、卵を入れて7分茹でる。殻を剥いてボウルに入れ、マッシャーまたはフォークで粗めに潰す。

2 Aを加え、混ぜ合わせる。

3 食パン2枚の上に**2**をこんもりと盛り、残り2枚の食パンを上から重ね、半分に切る。

4 仕上げにトリュフソルト、胡椒をかける。

紅茶のスコーン

● earl grey scones ●

アフタヌーンティーに
欠かせないスコーン。
さくさくほろほろの
食感です。

調理時間
170
min

うち寝かし時間
120min

● 材料 ●（4人分）

強力粉	200g
ベーキングパウダー	小さじ1
無塩バター	100g
砂糖	60g
塩	ひとつまみ
卵	1個
ヨーグルト（無糖）	50g
アールグレイティーバッグ	1袋
卵黄	1個分

● 事前準備 ●

バターは使う直前まで冷蔵庫
で冷やす。

● 作り方 ●

1 強力粉とベーキングパウダーをふるい入れたボウルに、バター、砂糖、塩を入れ、手ですり混ぜる。

2 粉チーズのようなサラサラの粉状になったら、アールグレイティーバッグの中の茶葉を加える。

3 別のボウルに卵とヨーグルトを入れて混ぜ合わせ、**2**に加えて手でこねる。

4 ひとまとまりになったらラップで包み、冷蔵庫で2時間休ませる。

5 オーブンを180℃に予熱する。生地を冷蔵庫から取り出し、打ち粉（分量外）をした台の上で1.5cm厚さに伸ばす。半分に折り畳み、少し麺棒で押さえて広げ、四隅を切り落として4cm角の正方形に切る。上面に卵黄を塗って、180℃のオーブンで25分焼く。

memo
クリームチーズやジャムをつけて
もおいしい。

ココナッツジャムクッキー

• coconut jam cookies •

真ん中に入ったジャムが
可愛いクッキー。
ココナッツとジャムがよく合います。

• 材料 • （4人分）

無塩バター ──────── 50g
ココナッツオイル ──────── 15g
グラニュー糖 ──────── 15g
塩 ──────── ひとつまみ
溶き卵 ──────── 15g
薄力粉 ──────── 100g
ベーキングパウダー
──────── 小さじ 1/2
お好みのジャム(ラズベリー
ジャムやアプリコットジャム
など) ──────── 適量

• 事前準備 •

バターは常温に戻す。
ココナッツオイルは使う直前
まで冷蔵庫に入れておく(白
く固まっている状態で使用)。
オーブンは180℃に予熱する。

• 作り方 •

1 ボウルにバター、ココナッツオイル、グラニュー糖、塩を入れ、ハンドミキサー(または泡だて器)で白っぽくなるまで混ぜ合わせる。

2 溶き卵を2〜3回に分けて加え、その都度乳化するまでしっかり混ぜる。

3 薄力粉、ベーキングパウダーをふるって加え、粉っぽさがなくなるまでゴムベラで切るようにして混ぜ合わせる。ひとまとめにしてラップで包み、冷蔵庫で20分休ませる。

4 直径1.5cmの団子状に丸め、天板にのせて中央をくぼませる。

Point 焼くと少し膨らむため、
生地同士の間隔を空けて置く。

5 180℃のオーブンで20分焼き、一旦取り出して中央にジャムをのせる。

6 再度180℃のオーブンで2分焼く。

秋の食材盛りだくさん
ハロウィンディナー

halloween dinner
full of autumn ingredients

かぼちゃのコロッケ

● pumpkin croquette ●

秋になったら作りたい、
かぼちゃの甘味がおいしいコロッケ。
チーズソースは他の料理にもよく合います。
お好みでパルメザンチーズや
ゴルゴンゾーラチーズを加えても。

● 材料 ●（2人分）

かぼちゃ	1/4 個
玉ねぎ	1/2 個
合い挽き肉	200g
有塩バター	15g
塩	少々
粗びき黒胡椒	少々
牛乳	大さじ 2
クローブ	小さじ 1/2
薄力粉	適量
溶き卵	2 個分
パン粉	適量
揚げ油	適量
乾燥パセリ	適量

【チーズソース】

牛乳	100ml
薄力粉	10g
ピザ用チーズ	30g

● 作り方 ●

1 かぼちゃは 3cm 角程度に切る。玉ねぎはみじん切りにする。

2 鍋にかぼちゃとひたひたの水を入れ、火にかける。柔らかくなったら水を捨てて水分を飛ばし、マッシャーでしっかり潰す。

3 フライパンにバターを入れて火にかけ、玉ねぎを加えてしんなりするまで炒める。

4 合い挽き肉を加えて炒め、火が通ったら塩、胡椒をふる。

5 ボウルに **2** のかぼちゃ、**4**、牛乳、クローブを加えて混ぜ合わせる。

6 6 等分して俵形に成形し、薄力粉、溶き卵、パン粉の順に衣をつける。

7 鍋に油を入れて火にかけ、180℃（パン粉を落とすと、すぐに音を立てて広がる状態）に熱したら、**6** をきつね色になるまで揚げる。網にあげて油を切る。

8 【チーズソースを作る】小鍋に牛乳と薄力粉を入れて弱火にかけ、ゴムベラで混ぜ、チーズを加えて混ぜ合わせる。

9 皿に **7** を盛り、チーズソースをかけ、パセリをちらす。

じゃがいものニョッキ

● gnocchi ●

じゃがいもの代わりに
かぼちゃやさつまいもを使っても。
ソースも変えて、
いろんなニョッキに
アレンジしてみてください。

● 材料 ● （2人分）

【ニョッキ】
じゃがいも（男爵） ……… 3個
強力粉 ……………………… 60g
卵 ………………………… 1/4個
塩 ……………………… ひとつまみ

【ソース】
有塩バター ……………… 10g
生クリーム …………… 200㎖
タイム（またはセージ）
……………………………… 適量

ピザ用チーズ …………… 適量
塩、粗びき黒胡椒 …… 各少々

● 作 り 方 ●

1 【ニョッキを作る】じゃがいもは皮を剥き、輪切りにする。

2 鍋に湯を沸かし、**1**を柔らかくなるまで茹でる。茹で上がったら水を捨て、再度火にかけて水分を飛ばし、粗熱を取る。

3 じゃがいもをボウルに移してマッシャーで潰し、強力粉、卵、塩を加えて混ぜ、ひとまとめにする。

4 生地を3〜4等分にし、細い棒状にして2cm長さに切る。

5 1つを手に取り、フォークの背で押し付けながら丸めて成形する。

6 鍋にたっぷりの湯を沸かし、**5**を入れて茹で、浮き上がってきたものから取り出す。

7 【ソースを作る】フライパンにバター、タイムを入れて火にかけ、香りが出たら生クリームを加えてとろみがつくまで温める。

8 ニョッキを加えて塩、胡椒をふる。耐熱皿に盛ってチーズをのせたら、トースターでチーズが溶けるまで7分程焼く。

さつまいものポタージュ

● sweet potato potage ●

秋にぴったりのレシピ。
旬のさつまいもを
贅沢に使ったスープです。

● 材料 ●（2 人分）

さつまいも	400g
玉ねぎ	1/2 個
有塩バター	20g
コンソメ（顆粒）	小さじ 1
水	150㎖
牛乳	200㎖程度
ナツメグ	小さじ 1
塩	ひとつまみ
クルトン、乾燥パセリ	
	各適量

● 作り方 ●

1 さつまいもは皮を剥き、1cm幅に切って 10 分水にさらし、あくを抜く。玉ねぎは薄切りにする。

2 鍋にバターを溶かし、玉ねぎを加えて弱めの中火で 5 分程炒める。

3 塩を加えて弱火にし、蓋をして 10 分煮込み水分を出す。

4 さつまいも、水、コンソメを加え、沸騰したら弱火にし、さつまいもが柔らかくなるまで煮る。

5 ハンドブレンダー（もしくはミキサー）で攪拌し、牛乳、ナツメグを加えて混ぜる。

6 皿に盛り、クルトンをのせ、パセリをふる。

かぼちゃのタルト

• pumpkin tart •

調理時間

220 min

うち冷蔵時間 120min

シナモンの効いた
かぼちゃ生地がおいしい。
甘すぎず、クセになる味です。

• 材料 •

（直径18cmのタルト型1台分）

【タルト生地】

無塩バター	60g
塩	ひとつまみ
粉砂糖	45g
薄力粉	175g
アーモンドパウダー	15g
溶き卵	30g

【かぼちゃフィリング】

かぼちゃ	¼個
砂糖	60g
卵黄	1個分
生クリーム	50g
薄力粉	20g
シナモンパウダー	小さじ2
生クリーム	150㎖
砂糖	大さじ1

• 事前準備 •

バターは使う直前まで
冷蔵庫で冷やす。

• 作り方 •

1 【タルト生地を作る】ボウルにバターと塩、振るった粉
砂糖、薄力粉、アーモンドパウダーを入れ、粉チーズ
状になるまですり混ぜる。

2 溶き卵を少しずつ加えてひとまとめにし、1辺が15cm程
度の正方形にしてラップに包み、冷蔵庫で2時間冷やす。

3 オーブンを180℃に予熱する。生地を型より一回り大
きく麺棒で伸ばし、型に敷いて余分
な生地を切り落とす。フォークで底
全体に穴をあけ、180℃のオーブン
で20分焼く。焼き終わったらオー
ブンは170℃にする。

> **Point** 重石をのせて焼くと、中央が膨らまないのでおすすめ。重石が
> ない場合は表面に薄くバターを塗り、アルミホイルで押さえても。

4 【かぼちゃフィリングを作る】かぼちゃは皮を剥いて一口
大に切り、柔らかくなるまで蒸し器で火を通す。

> **Point** 茹でたり、電子レンジで加熱したりして柔らかくしても。

5 ボウルにかぼちゃを入れてマッシャーで潰し、砂糖、卵黄、
生クリームを少しずつ加え、ゴムベラで混ぜ合わせる。

6 薄力粉、シナモンを加え、ゴムベラで粉っぽさがなく
なるまで混ぜ合わせる。

7 **3**のタルトに**6**を入れ、170℃のオーブンで50分焼く。

8 ボウルに生クリームと砂糖を入れて角が立つまで泡立
てる。皿にカットしたタルトをのせ、その上にホイッ
プクリームをのせる。

クリスマスディナー

Christmas Dinner

トマトのカプレーゼ

● caprese ●

見た目もクリスマスに
ぴったりなサラダ。
デザート感覚でいただきます。

● 材料 ● （2 人分）

トマト(中) ⋯⋯⋯⋯⋯⋯ 2 個
モッツァレラチーズ ⋯⋯ 1 個
バジル ⋯⋯⋯⋯⋯⋯ 10 枚程度
塩、粗びき黒胡椒 ⋯⋯ 各少々
オリーブオイル ⋯⋯⋯⋯ 適量
バルサミコ酢 ⋯⋯⋯⋯⋯ 適量

● 作り方 ●

1 トマトとモッツァレラチーズは 1cm幅の輪切り
にする。

2 トマト、モッツァレラチーズ、バジルを順に少
し重ねながら並べ、塩、胡椒をふり、オリーブ
オイルをかける。周りにバルサミコ酢を回しか
ける。

チキンのレモンクリームソース

● chicken with lemon cream sauce ●

特別な日に食べたいメイン料理。
レモンの酸味が効いたクリームで、
最後の一口までおいしい。

● 材 料 ●（2 人分）

鶏もも肉 ──────── 400〜500g
塩、粗びき黒胡椒 ──── 各少々
オリーブオイル ────── 適量
生クリーム ──────── 200㎖
にんにく ──────── 1 かけ
コンソメ（顆粒）──── 小さじ 1
レモン（国産・スライス）
──────────── ½ 個分
レモン汁 ──────── ½ 個分
イタリアンパセリ ──── 適量

● 作 り 方 ●

1 鶏肉は筋を取り、厚い部分は切り込みを入れて開き、両面に塩、胡椒をふる。にんにくは半分に切って潰す。イタリアンパセリはみじん切りにする。

2 フライパンにオリーブオイルをひいて火にかけ、鶏肉の皮目を下にして入れて中火で 5 分程、カリッとするまで焼く。

3 裏返して弱めの中火でさらに 8 分程度、中に火が通るまで焼く。焼き上がったら皿に盛る。

4 **3** のフライパンを軽く拭き、潰したにんにくを入れて火にかけ、香りを出す。

5 生クリーム、コンソメを加え、とろみがついてきたらレモン、レモン汁を加え、軽く混ぜる。**3** の鶏肉にかけ、イタリアンパセリをちらす。

(Point) レモン汁を加えてから長時間煮ると分離してしまうので、とろみがついてから加えると◎。

パイシチュー

• pie stew •

サクサクのパイの下に、
熱々の濃厚スープ。
スープは牛乳の代わりに
豆乳で作ってもおいしいです。

•材料• （2人分）

マッシュルーム	5個
エリンギ	3本
玉ねぎ	½個
ベーコン	3枚
有塩バター	15g
塩、粗びき黒胡椒	各少々
薄力粉	大さじ1
牛乳	500mℓ
コンソメ（顆粒）	小さじ1
冷凍パイシート	1枚
溶き卵	1個分

•事前準備•

パイシートは冷凍庫から冷蔵
庫に移す。
オーブンは200℃に予熱する。

•作り方•

1 マッシュルームは4等分にし、エリンギは一口大、
玉ねぎはみじん切り、ベーコンは1.5cm幅に切る。

2 鍋にバターを入れて火にかけ、玉ねぎ、ベーコ
ンを加えて、玉ねぎがしんなりするまで炒める。

3 マッシュルームとエリンギを加え、中火で5分
程炒める。きのこ類に火が通ってきたら塩、胡
椒をふって弱火にし、薄力粉を加えて全体にま
とわせるように混ぜる。

4 牛乳を少しずつ加えてその都度混ぜ、ダマがな
くなったらコンソメを加える。弱火で15分煮
たら火を止め、粗熱を取る。

> **Point** 熱い状態でパイシートをのせると
> 膨らまない原因になるので、ここでよく冷ます。

5 パイシートを半分に切り、器に被せられる大き
さまで麺棒で伸ばす。

6 耐熱の器に **4** を注ぎ、パイシートのふちに溶
き卵を塗って、卵を塗った面を下にして器に被せ、
パイシートのふちを器
に貼り付ける。表面に
も溶き卵を塗る。

7 200℃のオーブンで15分焼く。途中で焦げそ
うになったら、アルミホイルを被せる。

ベイクドチーズケーキ
ブルーベリーソース添え

● baked cheesecake with blueberry sauce ●

調理時間

265
min

うち冷蔵時間
180min

Chapter8

特別な日

お店で買うのもいいけど、
自分で作るケーキも別格。
おもてなしにも**大活躍**です。

● 材料 ●

（直径18cmの丸型1台分）

市販のクッキー ────── 15枚程度
無塩バター ───────────── 70g
クリームチーズ ──────── 200g
サワークリーム ─────────── 60g
砂糖 ──────────────────── 60g
生クリーム ──────────── 120mℓ
卵 ───────────────────── 1個
薄力粉 ───────────────── 大さじ4

【ブルーベリーソース】
冷凍ブルーベリー ──────── 200g
砂糖 ──────────────────── 20g
水 ───────────────────── 50mℓ

● 事前準備 ●

クリームチーズとサワーク
リームは常温に戻す。
オーブンは160℃に予熱する。

● 作り方 ●

1 クッキーはポリ袋に入れ、麺棒などで叩いて砕く。

2 鍋にバターを入れて火にかけ、溶けたら火を止め、**1**のクッキーを加えて混ぜ合わせる。型の底にクッキーを敷き詰め、冷蔵庫で15分以上冷やす。

3 ボウルにクリームチーズ、サワークリーム、砂糖を入れ、泡だて器で混ぜる。生クリームを少量ずつ加え、その都度よく混ぜ合わせる。

4 卵を溶いて**3**に加えてよく混ぜ、薄力粉を加えてゴムベラで粉っぽさがなくなるまで混ぜる。

5 **2**の型に**4**を流し入れ、160℃のオーブンで60分焼く。焼き上がったら粗熱を取り、冷蔵庫で3時間以上冷やす。

6 【ブルーベリーソースを作る】鍋に冷凍ブルーベリー、砂糖を入れて混ぜ合わせ、10分程置く。

7 **6**を火にかけ、焦がさないように混ぜながら煮込む。とろみがついてきたら水を加え、好みの濃度に煮詰める。

8 ケーキを切り分けて皿に盛り、ソースをのせる。

バレンタインデーディナー

Valentine's Day Dinner

ライスコロッケ

● rice croquette ●

少し手の込んだ料理だけど、
その分おいしい。
中から溶け出すチーズがたまりません。

● 材料 ● （2人分）

ミートソース	お玉2杯分
（作り方はP109参照）	
米	1カップ
にんにく	1かけ
塩、粗びき黒胡椒	各少々
オリーブオイル	適量
ピザ用チーズ	40g程度
薄力粉	適量
溶き卵	2個分
パン粉	適量
揚げ油	適量
コンソメ（顆粒）	小さじ 1/2
水	700㎖
トマトソース	200g

● 作り方 ●

1 にんにくはみじん切りにする。トマトソースはソースパンで温める。

2 鍋に水とコンソメを入れて火にかけ、沸騰させてコンソメスープを作る。

3 フライパンにオリーブオイル、にんにくを入れて火にかけ、香りが出たら米を加える。

4 米が半透明になったら **2** をひたひたに加え、20分煮る。途中、水分が少なくなってきたらその都度 **2** をひたひたに足す。

5 米の芯が少し残るくらいの柔らかさになったらミートソースを加え、塩、胡椒で味を調える。

6 バットにあけて粗熱を取り、6等分して中心にチーズを入れ、丸める。

7 薄力粉、溶き卵、パン粉の順に衣をつける。

8 別の鍋に揚げ油を入れて火にかけ、180℃（パン粉を落とすと、すぐに音を立てて広がる状態）に熱したら **7** を入れ、きつね色になるまで揚げる。

9 皿に盛り、トマトソースを添える。

野菜のオーブン焼き

● oven-baked vegetables ●

調理時間

40 min

うち焼き時間
30min

Chapter 8

特別な日

野菜をシンプルに
おいしく食べるためのレシピ。
塩とオイルと少しのハーブがあれば、
簡単においしい一品になります。

● 材料 ●（2人分）

ズッキーニ ――――――― 1本
トマト ―――――――― 1個
なす ――――――――― 1個
塩、粗びき黒胡椒 ―――― 各少々
オリーブオイル ―――― 適量
タイム ――――――――― 1本
パルメザンチーズ（粉チーズ）
――――――――――― 適量

● 事前準備 ●

オーブンは 180℃に予熱する。

● 作り方 ●

1 ズッキーニ、なすは 5mm幅に切る。なすは水に
さらし、あく抜きする。トマトは薄切りにし、
半分に切る。

2 耐熱皿にズッキーニ、なす、トマトの順に重ね
て並べ、塩、胡椒をふって、オリーブオイルを
回しかける。タイムをのせ、180℃のオーブン
で 30分焼く。

3 焼き上がったらチーズをかける。

ロールキャベツ

● cabbage rolls ●

作り置きにも重宝していて、
翌日はキャベツがさらにとろっとします。
上からチーズをかけて温めて食べれば、
また違ったおいしさに。

● 材料 ●（10 個分）

キャベツ	10 枚
玉ねぎ	1 個

A
- 合い挽き肉 ── 500g
- パン粉 ── 大さじ 3
- 牛乳 ── 大さじ 3
- 卵 ── 2 個
- ケチャップ ── 大さじ 1
- 塩、粗びき黒胡椒 ── 各少々

コンソメ（顆粒）	小さじ 1
トマト缶（カット）	1 缶
オリーブオイル	少々

● 作り方 ●

1 玉ねぎはみじん切りにする。キャベツは芯の部分を薄く削る。

2 フライパンを火にかけてオリーブオイルを熱し、玉ねぎを入れてしんなりするまで炒める。火が通ったらバットにあけて、粗熱を取る。

3 鍋にたっぷりの湯を沸かし、塩ひとつまみ（分量外）を加える。キャベツを 1 枚ずつ入れて 2 分程茹で、しんなりしたら取り出し、キッチンペーパーで水気を拭き取る。

4 ボウルに **A** と **2** の玉ねぎを入れ、粘り気が出るまで素早くこね、10 等分にして俵形に成形する。

> **Point** 素早くこねることで余計な熱がひき肉に伝わるのを避け、出来上がりがふんわりする。

5 キャベツを広げて葉先に **4** を置き、左右の葉を折りたたんだら、芯の方向に向かって巻いていく。巻き終わりを爪楊枝で留める。同様にあと 9 個作る。

> **Point** 巻き終わりにキャベツの芯の部分がくると、仕上がりの見た目がよくなる。

6 別の鍋に **5** を敷き詰め、ひたひたの水を入れ、コンソメを加えて中火で煮立たせる。

> **Point** なるべくぴったりのサイズの鍋を使うと、煮崩れせず、きれいに仕上がる。

7 トマト缶を加え、弱めの中火で 20 分煮込む。

濃厚チョコレートテリーヌ

● chocolate terrine ●

調理時間

360
min

うち冷蔵時間
300min

Chapter 8

特別な日

ダークチョコのほろ苦さと
ラズベリーの甘酸っぱさがよく合う。
バレンタインディナーの〆に。

● 材料 ●
（7×19×高さ8～9cmの
パウンド型1台分）

板チョコレート（ダーク）
‥‥‥‥‥‥‥‥‥‥ 160g
無塩バター ‥‥‥‥‥‥ 100g
グラニュー糖 ‥‥‥‥‥‥ 45g
卵 ‥‥‥‥‥‥‥‥‥‥‥ 2個
生クリーム ‥‥‥‥‥ 大さじ1
ブランデー ‥‥‥‥‥ 大さじ1
冷凍ラズベリー ‥‥‥‥ 180g
砂糖 ‥‥‥‥‥‥‥‥‥ 18g
水 ‥‥‥‥‥‥‥‥‥ 大さじ4

● 事前準備 ●

オーブンは170℃に予熱する。

● 作り方 ●

1 ボウルにチョコレートとバターを入れ、湯煎にかけて溶かす。

2 溶けたらグラニュー糖を加え、混ぜ合わせる。

3 卵を溶きほぐし、数回に分けて **2** に加え、その都度混ぜる。生クリームとブランデーを加え、混ぜる。

4 型に流し入れ、170℃のオーブンで30分焼く。途中で焦げそうになったら、アルミホイルを被せる。

5 焼き上がったら型に入れたまま粗熱を取り、5時間程冷蔵庫で冷やす。

6 鍋にラズベリー、砂糖を入れて混ぜ合わせ、10分程置く。

7 **6** を火にかけ、焦がさないように混ぜながら煮込む。とろみがついてきたら水を加え、好みの濃度に煮詰めて裏ごしし、カットした **5** に添える。

Column_09

愛用の食器

おうちでビストロ気分を味わえる、愛用の食器をご紹介。
こつこつと買い集めてきた、お気に入りたちです。

お皿
- - - - - - - - -

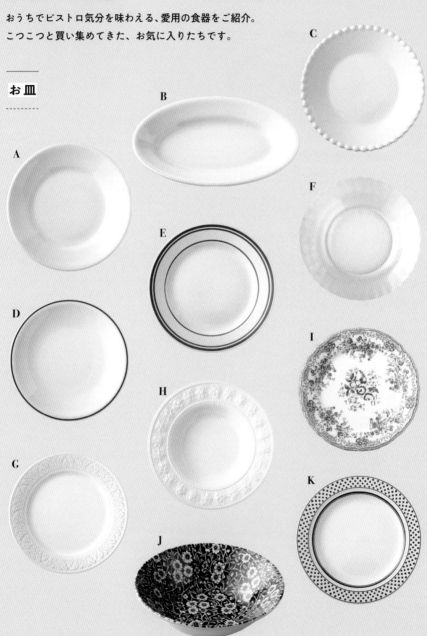

A.サタルニア　チボリ　ディナープレート 26

サタルニアのラウンドプレートは、パスタやメインディッシュに使っています。のせるだけで食材がおいしく見える、シンプルで素敵なお皿です。/1,760円 ザッカワークス

B.サタルニア　チボリ　オーバルプレート 23

イタリアのバルなどでよく使われているお皿。厚みのあるぽてっとしたデザインが可愛い。おつまみやサラダなど、どんなものとも相性抜群です。/1,870円　ザッカワークス

C.MAU SAC　ピルラ　中皿

ピルラというシリーズのお皿は、ふちのデザインが可愛くて一目ぼれ。サラダやカルパッチョ、おつまみなど、のせるだけでごちそうになります。/1,680円 MAU SAC

D.Milano Rosso　デザートプレート

サタルニアのミラノロッソシリーズは、ビストロで使われているお皿のような赤いラインがお気に入り。メインディッシュを引き立ててくれます。/2,530円　THE HARVEST KITCHEN GENERAL STORE

E.Libbey の　ヴァイスロイ　シリーズのプレート

レストランやビストロで使われているのをよく見かけるLibbeyのお皿。厚みがあって丈夫なので、ステーキ等のナイフを使う料理にも安心して使用できます。/著者私物

F.DURALEX　PARIS SOUP PLATE

ガラスのプレートは、一つは持っておきたいもの。DURALEXのお皿は手頃な価格なのに丈夫で、透明感もあってお気に入りです。/830円　ジオ インタナショナル

G.Zara Home の　プレート

ふちのデザインが素敵なお皿。結婚した当初から大切に使っています。目玉焼きなど簡単な料理も高級感のある一皿に仕上がります。/著者私物

H.ウェッジウッド　フェスティビティ

深さがちょうどよく、スープだけでなく煮込みハンバーグやロールキャベツにも愛用中。/2,200円　ウェッジウッド

I.Zara Home の　フローラルアースンウェア　ディナープレート

デザインに一目ぼれして購入したお皿。クリーム系の料理や、魚料理によく使っています。/著者私物

J.Burleigh　ブルーキャリコ　シリアルボウル

イギリスの食器メーカーBurleighは存在感のある模様が特徴で、フルーツを盛ったりグラノーラを入れたり。いろんなデザインがあるので、お気に入りを見つけて。/4,180円　Tasman International Ltd.

K.KOYO カントリーサイド　ルーラルリーフ 27cm ディナープレート

合羽橋で見つけたKOYOのディナープレート。デザートプレートも一緒に購入しました。メインはもちろんパスタにも。緑色のデザインが料理を際立たせてくれます。/3,080円　KOYO BASE

※掲載してある情報は、2023年9月現在のものです。商品情報や価格は変更になる場合があります。

その他の
食器

 A
 B
 C

 G
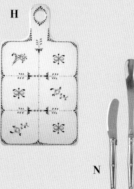 H
 I

 M
N

A. 脚付き　ガラスボウル

きらっとしたデザインがお気に入り。朝ごはんのヨーグルトや、おつまみのナッツを入れて使っています。/著者私物

B. royal leerdam の　タンブラー　220㎖

小さめのグラスは、レストランで見るようなデザインに惹かれて購入。チェイサーの水を出す時によく使います。/660円　TODAY'S SPECIAL Jiyugaoka

C. 小さめの　バターケース

テーブルでサーブする時に使っている、小さめのバターケース。昔、母にもらった物です。/著者私物

G. 白いグラタン皿

アンティークショップで昔見つけて買ったもの。グラタンやドリアに使っています。/著者私物

H. Zara Home の　ガラス製ボード

白に青のペイントが可愛いボード。タルトやパイなどをのせて、そのまま食卓に出して使っています。/著者私物

I. 脚付きグラス

普段飲み物を飲む時に使っているグラス。たっぷり入るしデザインもおしゃれでお気に入りです。/著者私物

M. ジャンデュボ　ライヨールの　カトラリー

見た目に存在感があり、使いやすくておすすめです。特にナイフの切れ味がとてもいいので、厚みのある肉料理もすんなり上品に切ることができます。/ステーキナイフ　2,530円、テーブルフォーク＆テーブルスプーン　1,650円　ザッカワークス

N. ジャンデュボ　ライヨールの　ジャムスプーンとバターナイフ

バターナイフは塗りやすく、切れ味もよい。ジャムスプーンは持ち手にジャムがつくことなく深い瓶の底まですくうことができるので、手放せないアイテムです。/ライヨール　ジャムスプーン　ステンレス　1,760円、ライヨール　バターナイフ　ステンレス　1,650円　ザッカワークス

D. カッティングボード

バゲットをサーブしたり、ブルスケッタやおつまみをサーブするのに最適なボード。存在感も抜群で、一気ににぎやかなテーブルになります。/著者私物

E. ガラス製のココット

透明なデザインが珍しくて一目ぼれしたココット。お気に入りのココットをぜひ見つけてみてください。/著者私物

F.DEAN & DELUCA の ライオンボウル　Mサイズ

よくスープ皿に使っています。耐熱なので、パイシートをのせてポットパイにも。/DEAN & DELUCA 六本木 ※現在はS、Lのみ取扱い

J. ソースディスペンサー

存在感のある青い花のデザインがお気に入り。シャリアビンソースなどをたくさん作ってテーブルにサーブする時に、とても便利です。/著者私物

K. 白いココット

ココットは、持っておくととても便利。おつまみのクリームチーズやナッツを入れたり、ヨーグルトやカットフルーツを入れたりしても。/著者私物

L.Zara Home の カトラリー

アンバーゴールドの色味がお気に入り。テーブルがナチュラルな雰囲気になります。/著者私物

O. 合羽橋で購入した カップアンドソーサー

友人が遊びに来て、コーヒーを出す時によく使うのがこのカップアンドソーサー。合羽橋に行った時に購入しました。/著者私物

P. 祖母から譲り受けた カップアンドソーサー

祖母が使っていたカップアンドソーサーは、丸みのある形と特徴的なお花のデザインがお気に入り。ミルクティーを飲むのに使っています。/著者私物

INDEX

SHOP LIST

ウェッジウッド
https://www.wedgwood.jp/contact

KOYO BASE
https://koyobase.com/

ザッカワークス
03-3295-8787

THE HARVEST KITCHEN
GENERAL STORE
03-6826-6086

ジオ インタナショナル
03-3635-5906

Tasman International Ltd.
047-355-0957

DEAN & DELUCA 六本木
03-5413-3580

TODAY'S SPECIAL Jiyugaoka
03-5729-7131

MAU SAC
0570-095-995

アートディレクション ⋯⋯ 細山田光宣
デザイン ⋯⋯⋯⋯⋯⋯⋯⋯ 鎌内 文、橋本 葵（細山田デザイン事務所）
撮影 ⋯⋯⋯⋯⋯⋯⋯⋯⋯⋯ 柿崎真子
スタイリング ⋯⋯⋯⋯⋯⋯ 井上裕美子
調理補助 ⋯⋯⋯⋯⋯⋯⋯⋯ 藤司那菜、石川みのり
校正 ⋯⋯⋯⋯⋯⋯⋯⋯⋯⋯ 麦秋新社
編集 ⋯⋯⋯⋯⋯⋯⋯⋯⋯⋯ 安田 遥（ワニブックス）

簡単に作れてみんながよろこぶ

おうちビストロレシピ

Minori 著

2023年11月4日　初版発行
2024年 1 月20日　 2 版発行

発行者　　横内正昭
編集人　　青柳有紀
発行所　　株式会社ワニブックス
　　　　　〒150-8482
　　　　　東京都渋谷区恵比寿4-4-9　えびす大黒ビル
　　　　　ワニブックスHP　http://www.wani.co.jp/
　　　　　（お問い合わせはメールで受け付けております。
　　　　　　HPより「お問い合わせ」へお進みください）
　　　　　※内容によりましてはお答えできない場合がございます。

印刷所　　株式会社美松堂
DTP　　　株式会社オノ・エーワン
製本所　　ナショナル製本